ポイント図解

数字がわからなくても
「決算書のしくみ」を読み解くポイント37

決算書の読み方が面白いほどわかる本

改訂2版

落合 孝裕
税理士

KADOKAWA

はじめに

「決算書をすらすら読めるようになりたい」

これは、会社で働くほとんどの人が思うことでしょう。

「でも、数字がたくさん並んでいるだけで、結局何だかわからない……」

これも、多くの人が感じるところです。

決算書の読み方がわかるようになれば、自分が働いている会社が伸びているか、財務的に安定しているか、はたまた危ない状態か、ざっくりとつかめるようになります。

金融機関は、決算書をよく分析して、貸し付ける金額や金利を決めます。経営者なら、「うちの会社の決算書のどこをみているのだろう」と気になりますね。

幹部社員なら、決算書が読めるかどうかが、今後の昇進に大きく影響します。

新入社員は、決算書が読めれば、上司から目をかけられ、同僚からは一目置かれる存在になること間違いなしです。

さらに、就活生なら、決算書の基礎知識があることで、面接でのアピールポイントの1つにもなるでしょう。

決算書を読めることは、すべてのビジネスパーソンにとって必須科目となっています。

また、株式投資にも決算書の読み方は欠かせません。

「株式投資でひと儲けして、あわよくばセミリタイアを目指したい！」

ＮＩＳＡ（ニーサ）（少額投資非課税制度）を活用して、将来の値上がりを期待しても、決算書をまったく読まずに短期で売買を繰り返していては、継続的に利益を出すことはむずかしいでしょう。

決算書をしっかり読みこむことで、業績が安定して、今後の成長が見込まれる会社がわかります。さらに割安な株がわかれば、安心して長期投資をすることもできますね。

ところで、決算書の並び順は、「貸借対照表（Ｂ／Ｓ）」が先で、「損益計算書（Ｐ／Ｌ）」が後になっていますが、決算書の勉強をしていて心が折れてしまうのは、この「貸借対照表」のわかりづらさが大きな原因となっています。

そこで本書では、「損益計算書」から始めて、「貸借対照表」を後回しとしています。

本書は２００２年の発刊以来、20年以上にわたり多くの版を重ねて12万部以上を発行しています。

今回の改訂では、データを全面的に刷新して、基本からわかりやすく解説をし直しました。みなさんが、本書で決算書の読み方を身につけていただければ幸いです。

著者

……………………………貸借対照表は「3つの部」からなる

20××年3月31日現在

負債の部	
科　　目	金　　額
	千円
【流動負債】	(189,000)
支払手形	80,000
買掛金	40,000
短期借入金	45,000
未払法人税等	10,000
未払消費税等	4,000
預り金	5,000
賞与引当金	5,000
【固定負債】	(141,000)
長期借入金	140,000
退職給付引当金	1,000
負債の部合計	330,000
純資産の部	
【株主資本】	(290,000)
資本金	50,000
利益剰余金	(240,000)
利益準備金	10,000
その他利益剰余金	(230,000)
繰越利益剰余金	230,000
純資産の部合計	290,000
負債及び純資産の部合計	620,000

B

C

負債の部	
科　　目	金　　額
	千円
【流動負債】	(189,000)
支払手形	80,000
買掛金	40,000
短期借入金	45,000
未払法人税等	10,000
未払消費税等	4,000
預り金	5,000
賞与引当金	5,000
【固定負債】	(141,000)
長期借入金	140,000
退職給付引当金	1,000
負債の部合計	330,000
純資産の部	
【株主資本】	(290,000)
資本金	50,000
利益剰余金	(240,000)
利益準備金	10,000
その他利益剰余金	(230,000)
繰越利益剰余金	230,000
純資産の部合計	290,000
負債及び純資産の部合計	620,000

額は同じで
がとれている

ポイント図解　これが「貸借対照表」(B／S)だ！……………

資産の部	
科　　目	金　　額
	千円
【流動資産】	(435,000)
現金及び預金	142,000
受取手形	150,000
売掛金	100,000
商品	45,000
立替金	1,000
貸倒引当金	△3,000
【固定資産】	(185,000)
(有形固定資産)	(143,000)
建物	50,000
建物付属設備	14,000
機械装置	10,000
車両運搬具	20,000
工具器具備品	14,000
土地	35,000
(無形固定資産)	(4,000)
電話加入権	2,000
ソフトウェア	2,000
(投資その他の資産)	(38,000)
投資有価証券	3,000
保険積立金	35,000
資産の部合計	620,000

A

貸借対照表

資産の部	
科　　目	金　　額
	千円
【流動資産】	(435,000)
現金及び預金	142,000
受取手形	150,000
売掛金	100,000
商品	45,000
立替金	1,000
貸倒引当金	△3,000
【固定資産】	(185,000)
(有形固定資産)	(143,000)
建物	50,000
建物付属設備	14,000
機械装置	10,000
車両運搬具	20,000
工具器具備品	14,000
土地	35,000
(無形固定資産)	(4,000)
電話加入権	2,000
ソフトウェア	2,000
(投資その他の資産)	(38,000)
投資有価証券	3,000
保険積立金	35,000
資産の部合計	620,000

資金の運用形態

A
資産
＝

左右の合計
左右のバランス

損益計算書は「5つの利益」を記している

小売業・卸売業

の損益計算書

自　20××年4月1日
至　20××年3月31日

	科目	金額	
	【売上高】		千円
	売上高	770,000	770,000
	【売上原価】		
	期首棚卸高	39,000	
	仕入高	502,000	
	小計	(541,000)	
	期末棚卸高	45,000	496,000
1	売上総利益		(274,000)
	【販売費及び一般管理費】		223,000
2	営業利益		(51,000)
	【営業外収益】		
	受取利息	100	
	雑収入	900	1,000
	【営業外費用】		
	支払利息	4,000	4,000
3	経常利益		(48,000)
	【特別利益】		
	固定資産売却益	3,000	3,000
	【特別損失】		
	固定資産除却損	1,000	1,000
4	税引前当期純利益		(50,000)
	法人税、住民税及び事業税		17,500
5	当期純利益		(32,500)

これが売上原価（496,000）

これが販管費（はんかんひ）（223,000）

ポイント図解　これが「損益計算書」（P／L）だ！

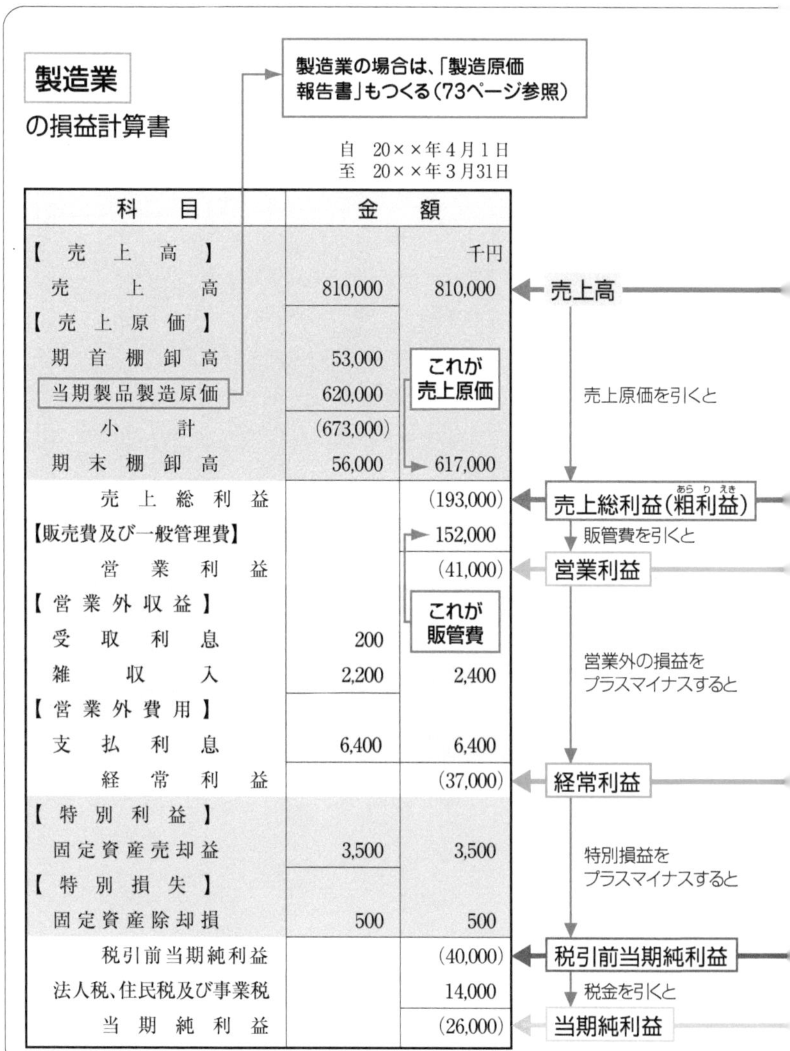

自　20××年4月1日
至　20××年3月31日

科目	金額	
【売上高】		千円
売上高	810,000	810,000
【売上原価】		
期首棚卸高	53,000	
当期製品製造原価	620,000	
小計	(673,000)	
期末棚卸高	56,000	617,000
売上総利益		(193,000)
【販売費及び一般管理費】		152,000
営業利益		(41,000)
【営業外収益】		
受取利息	200	
雑収入	2,200	2,400
【営業外費用】		
支払利息	6,400	6,400
経常利益		(37,000)
【特別利益】		
固定資産売却益	3,500	3,500
【特別損失】		
固定資産除却損	500	500
税引前当期純利益		(40,000)
法人税、住民税及び事業税		14,000
当期純利益		(26,000)

第1章

【基本の基本編】まずは決算書の概要を知っておこう

第2章

【損益計算書編】損益計算書で会社の業績がわかる

CONTENTS

第3章

【貸借対照表編】貸借対照表で会社の財政状況がわかる

第4章

【そのほかの諸表編】決算書を補う諸表についても知っておこう

第5章

【実践編】実際の決算書を読み解いてみよう

イラスト／藤本知佳子
DTP／ニッタプリントサービス

第 1 章

【基本の基本編】

まずは決算書の概要を知っておこう

01

決算書のメインはB／SとP／L

決算書は、①貸借対照表、②損益計算書、③製造原価報告書、④株主資本等変動計算書から構成される

だれもが苦手な「決算書」

会社の決算書をみることが好きで好きでたまらないという人は、残念ながらあまりいません。会社の経営者でさえ、毎月の資金繰りは頭にしっかり入っていても、決算書になると、さっぱりダメという人もいるようです。

いわく、「なんで数字ばかり並んでいるんだ」「どうしてあんなにたくさん書類があるんだ」「税務署と金融機関に出したら、あとは金庫のなかに入れておくだけだな」などなど。

経理担当者でも、売上げの集計や経費の支払いはバッチリできても、決算書となると、日々の業務からかけ離れた「特別な書類」と思っている人がいます。ましてや一般社員では、給料は気になっても、会社の決算は関係ないと思っている人が多いことでしょう。

決算書の内容

①貸借対照表
(Balance Sheet = B/S)

会社の財政状態の一覧表。資産の部、負債の部、純資産の部の3つに分かれます。「バランスシート」の「バランス」とは、左右の合計が同じ（バランスする）ことによります。

②損益計算書
(Profit and Loss statement = P/L)

会社の利益（儲け）の一覧表。利益は、売上総利益（粗利益）、営業利益、経常利益、税引前当期純利益、当期純利益の5つの利益をあらわします。

③製造原価報告書

製造業のみ作成します。工場で使った費用の一覧表です。

④株主資本等変動計算書

貸借対照表の「純資産の部」の各項目について、当決算期における増減額を一覧表にしたもの。配当の支払いもここに記載されます。

決算期

決算期は会社が自由に決めることができます。
日本で一番多い決算期は3月末決算で、
52万4000社あります(2021年度、国税庁HP)。
全287万4000社のうちの約18.2%になります。

B/SとP/Lとは?

決算書は、①貸借対照表、②損益計算書、③製造原価報告書、④株主資本等変動計算書からなっています。③は製造業だけが作成するもので、一般の小売業、卸売業、サービス業は作成しません(72ページ参照)。また、④は株主に支払う配当や、自己株式の購入などを記載するもので、①貸借対照表の「純資産の部」の各項目について、当決算期における増減額を一覧にしたものです。

決算書のなかでメインとなるのは、①貸借対照表と②損益計算書です。

貸借対照表を英語で「バランスシート」といいます。略して「B/S(ビーエス)」です。一方、損益計算書は英語で「プロフィット・アンド・ロス・ステートメント」。略して「P/L(ピーエル)」です。

貸借対照表は、会社がもっているすべての資産と、すべての負債、純資産(資本)からなっています。会社の「財政状態」、つまり資金をどのように集めて、それがどのような状態にあるかがわかります。一方、損益計算書は、会社の売上げや仕入れ、経費の一覧表で、その会社の1年間の業績がわかります。

会社法の規定により、書類の順序は、貸借対照表が先になっていますが、どちらかというと、みなさん、損益計算書のほうがとっつきやすいようです。

決算書の主役は貸借対照表と損益計算書

第××期決算公告

東京都港区青山○丁目○番○号
株式会社××△△
代表取締役○○××

貸借対照表の要旨

（20××年3月31日現在）　　（単位：千円）

科目	金額	科目	金額
【流動資産】	(435,000)	【流動負債】	(189,000)
現金及び預金	142,000	支払手形	80,000
受取手形	150,000	買掛金	40,000
売掛金	100,000	短期借入金	45,000
商品	45,000	その他	24,000
立替金	1,000	【固定負債】	(141,000)
貸倒引当金	△3,000	負債合計	330,000
【固定資産】	(185,000)	【株主資本】	(290,000)
有形固定資産	143,000	資本金	50,000
無形固定資産	4,000	利益剰余金	(240,000)
投資その他の資産	38,000	利益準備金	10,000
		その他利益剰余金	(230,000)
		純資産合計	290,000
資産合計	620,000	負債・純資産合計	620,000

損益計算書の要旨

（自　20××年4月1日
至　20××年3月31日）　（単位：千円）

科目	金額
営業収益	770,000
営業費用	719,000
営業利益	51,000
営業外収益	1,000
営業外費用	4,000
経常利益	48,000
特別利益	3,000
特別損失	1,000
税引前当期純利益	50,000
法人税等	17,500
当期純利益	32,500

新聞や官報での決算公告は、要旨のみの掲載でよいのですが、ホームページでの決算公告は、全文を掲載することが必要です。

02

なぜ貸借対照表と損益計算書の2つがあるのか

会社設立の時点では貸借対照表のみ。
損益計算書は営業活動が始まってからできる

損益計算書だけではダメ

決算書には、なぜ貸借対照表と損益計算書の２つの表があるのでしょうか。「２つもつくると手間とお金がかかるし、うちの会社は、わかりやすいほうの損益計算書だけでいいよ」。これではダメです。

会社の帳簿は「複式簿記」をもとに作成します。複式簿記では、売上げが上がると、同額の「資産」が増えます。売上げは損益計算書に転記され、資産は貸借対照表に転記されます。１つの取引で同時に貸借対照表と損益計算書ができていく仕組みです。

会社ができたばかりのときを考えてみましょう。なぜ会社をつくったのでしょうか。「会社のほうが儲かりそうだから」「友だちと共同で事業を始めたので会社のほうが都合がいい」「税金対策だ」「社長！と呼ばれることにあこ

会社設立直後の貸借対照表

貸借対照表

20××年4月1日現在

資産の部		負債の部	
科　目	金　額	科　目	金　額
現金及び預金	千円 10,000		千円
		負債の部合計	0
		純資産の部	
		科　目	金　額
		資　本　金	10,000
		純資産の部合計	10,000
資産の部合計	10,000	**負債及び純資産の部合計**	10,000

金額の単位は、税務申告用の決算書は「円単位」で表示しますが、大づかみで金額をとらえてほしいという趣旨で、本書では、原則として「千円単位」、つまり0を3つ省いて記載しています。

4月1日に設立したとすると、設立直後にはまだ損益計算書はつくれません。

会社の一つひとつの経営活動について、
左側(借方)と右側(貸方)の複式で帳簿に記録し、
科目ごとに集計していく方法をいいます。
損益計算と財産計算を同時に行うことができます。

がれて」……。いろいろ理由があるでしょう。

まず、会社をつくるには、資本金(元手)を用意します。これを会社に出資します。資本金を出資した人が株主、会社を中心になって運営するのが代表取締役(経営者)をはじめとする役員です。どんな大きな会社も、最初のうちは一番の大株主と代表取締役は、同一人物であることが多いでしょう。

貸借対照表と損益計算書はつながっている

出資したお金は、会社のものになります。株主に返す必要はありません。会社ができた時点では、営業による売上げがまだないので貸借対照表のみです。経営者は営業を始めたら、株主のためにも利益を上げる必要があります。

その後、営業活動をスタートします。たとえば、衣料品を仕入れて販売する小売業だとします。資本金1000万円のうちから、200万円分の商品を現金で仕入れ、すべて現金で売れて、トータルで300万円を売り上げたとします。ここで1年がたち、決算をむかえたら決算書を作成します。簡単な決算書ですが、きちんと貸借対照表と損益計算書ができあがります。当期純利益は100万円となります。

会社の営業活動がスタートすると……

4月20日　現金2,000千円で商品を仕入れた。
6月10日　仕入れた商品をすべて現金3,000千円で売り上げた。

貸借対照表と損益計算書をつくると次のようになります。

貸借対照表

20××年3月31日現在

資産の部		負債の部	
科目	金額	科目	金額
現金及び預金	千円 11,000		千円
		負債の部合計	0
		純資産の部	
		科目	金額
		資本金 利益剰余金 繰越利益剰余金 その他利益剰余金	10,000 (**1,000**) **1,000** **0**
		純資産の部合計	11,000
資産の部合計	11,000	負債及び純資産の部合計	11,000

損益計算書

自　20××年4月1日
至　20××年3月31日

科目	金額
	千円
売上高	3,000
売上原価	2,000
売上総利益	**1,000**
〜〜〜	〜〜〜
当期純利益	**1,000**

ここに入る

(注) 法人税などの税金は考慮していません。
2期目以降は利益剰余金の金額が積み増されていきます。

決算書のツボ 1

決算書の基本はB／SとP／L

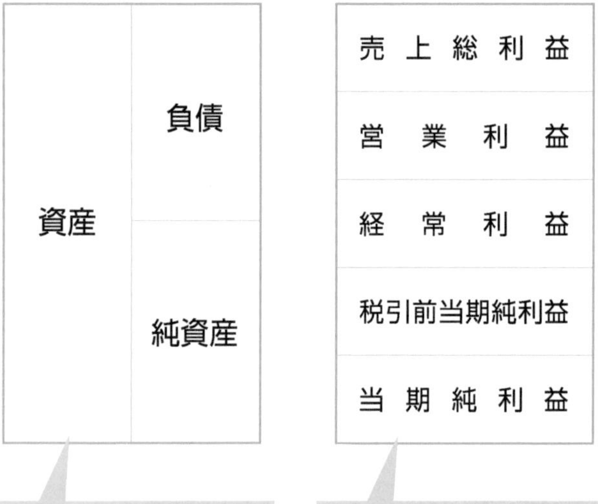

資産
負債
純資産
売上総利益
営業利益
経常利益
税引前当期純利益
当期純利益

貸借対照表

B／S（ビーエス）（＝Balance（バランス） Sheet（シート））は、会社の決算日における「財政状態」をあらわす。

損益計算書

P／L（ピーエル）（＝Profit and（プロフィットアンド） Loss（ロス） statement（ステートメント））は、会社の「１年間の儲け」をあらわす。

第2章

【損益計算書編】

損益計算書で会社の業績がわかる

P/L

03

損益計算書で「会社の儲け」がわかる

損益計算書は1年間の取引のうち、
収益と費用をピックアップして作成したもの

1年間でいくら儲けたかがわかる

決算書のうち、まずはとっつきやすい「損益計算書」から説明しましょう。

損益計算書は、会社が1年間でいくら儲けたかがわかる書類です。会社が1年間でどれだけ売上げを上げて、どれだけ仕入れて、経費がどれくらいかかったかをあらわす一覧表です。

売上げや受取利息などを「収益」、仕入れやさまざまな経費を「費用」といいます。損益計算書は、会社の1年間のすべての取引のうち、収益と費用をまとめて、「利益」を計算することが目的です。収益−費用＝利益（儲け）です。

ほとんどの会社が決算期を1年間で区切っています。法人税法では、1年間を超える決算期間は認められていません。逆に、1年間より短くすることは認められています。

損益計算書をみてみよう

損益計算書

自　20××年4月1日
至　20××年3月31日

科　目	金　額	
		千円
【売上高】		
売上高	770,000	770,000
【売上原価】		
期首棚卸高	39,000	
仕入高	502,000	
小計	(541,000)	
期末棚卸高	45,000	496,000
売上総利益		(274,000)
【販売費及び一般管理費】		223,000
営業利益		(51,000)
【営業外収益】		
受取利息	100	
雑収入	900	1,000
【営業外費用】		
支払利息	4,000	4,000
経常利益		(48,000)
【特別利益】		
固定資産売却益	3,000	3,000
【特別損失】		
固定資産除却損	1,000	1,000
税引前当期純利益		(50,000)
法人税、住民税及び事業税		17,500
当期純利益		(32,500)

これが売上原価

これが販管費

☞数字の羅列なので、なれないとみづらいかもしれない。千円単位なので、たとえば売上高の770,000千円は7億7000万円。

交際接待費と接待交際費
決算書により、まったく同じ内容でも、
交際接待費、接待交際費、交際費と、
違った科目で表示されることがあります。
どれも間違っているわけではありません。

決算の時期は国の収支の計算期間にあわせて、3月決算とする会社が多くなっています。損益計算書は利益を計算するものですが、「今期は、1000万円の利益です」と、結果だけの報告では内容がわかりません。株主や取引先にわかりやすいように、損益計算書は会社法で定められた基準にしたがって、収益と費用を一定の順番に並べて作成します。

販売や管理のための費用は、別に一覧表を作成

損益計算書には、さまざまな費用が表示されます。

たとえば、給料手当、旅費交通費、交際接待費、地代家賃などです。このような会社の販売や管理のための費用を、「販売費及び一般管理費」といいます。科目が多いので、通常は損益計算書とは別に一覧表を作成し、そこで表示することになります。これらの科目については、「こういった内容の費用については、こういった科目を使うこと」と法律では定められていません。

たとえば、営業車をよく使う会社であれば、「車両維持費」という科目で費用を表示することがありますが、あまり営業車を使わなければ、「旅費交通費」で電車代と一緒にまとめてもかまわない、ということになります。

販売費及び一般管理費の内訳

科目	金額	
		千円
給料手当	117,000	
退職金	5,000	
法定福利費	16,000	
福利厚生費	2,000	
広告宣伝費	7,000	
減価償却費	15,000	
賃借料	5,000	
修繕費	4,000	
事務用品費	1,000	
消耗品費	5,000	
水道光熱費	4,000	
旅費交通費	9,000	
支払手数料	3,000	
租税公課	1,000	
交際接待費	3,000	
保険料	4,000	
通信費	5,000	
諸会費	1,000	
新聞図書費	1,000	
地代家賃	12,000	
会議費	2,000	
貸倒引当金繰入	1,000	
合計		(223,000)

04

損益計算書は「5つの利益」を計算する

①売上総利益、②営業利益、③経常利益、④税引前当期純利益、⑤当期純利益の5つの利益

売上総利益とは「粗利益」のこと

損益計算書は、利益を計算することが目的で、5つの利益を計算します。

1つめは、売上高から売上原価を引いた「売上総利益」。これは「粗利益（あらりえき）」、略して「粗利（あらり）」ともいいます。

売上原価とは、仕入高に期首と期末の棚卸高をプラスマイナスしたもので、今期売り上げた商品の売上高に対応する原価部分をあらわします。

この売上総利益をたくさん稼げるか、あまり稼げないかが、経営の大きなポイントです。商品を安く仕入れて高く売れば、売上総利益は自然と増えます。一方、セールを繰り返し行い商品を安く売ってばかりでは、売上総利益は減ってしまいます。

損益計算書は、5つの利益を計算する ①

損益計算書

自　20××年4月1日
至　20××年3月31日

科　　目	金　　額	
		千円
【　売　上　高　】		
売　　上　　高	770,000	770,000
【　売　上　原　価　】		
期　首　棚　卸　高	39,000	
仕　　入　　高	502,000	
小　　計	(541,000)	
期　末　棚　卸　高	45,000	496,000
売　上　総　利　益		(274,000)
【販売費及び一般管理費】		223,000
営　業　利　益		(51,000)

利益の金額にはカッコ（　）がついて、みやすくなっています。

売上総利益

売上高から、売上原価（期首棚卸高に仕入高を加えて、期末棚卸高を引いた金額）を差し引いた利益です。

営業利益

売上総利益から、「販売費及び一般管理費」を差し引いた利益です。会社の本業の営業活動での利益がわかります。

「経常利益」の読み方

売上げを計上する「計上」と区別して、
「けいつねりえき」と読むこともあります。
経理パーソンが使うことが多く、
ちょっと業界用語的な言い方ですね。

「営業利益」をみれば本業での儲けがわかる

2つめの利益は「営業利益」です。これは、売上総利益から一般経費である「販売費及び一般管理費」(略して「販管費(はんかんひ)」)を差し引いて計算します。販売費には、広告宣伝費、交際接待費、販売手数料などが該当します。また、一般管理費には、給料手当、水道光熱費、地代家賃などが該当します。営業利益によって、会社が本来の業務でどのくらい儲けたかがわかります。

3つめの利益は「経常利益」です。これは、営業利益に「営業外収益」と「営業外費用」、つまり受取利息や受取配当金、雑収入、支払利息などをプラスマイナスしたあとの利益です。会社の経常的な活動による利益をあらわします。「増収増益」の「収」は売上高のこと、そして「益」は、一般的に経常利益のことを指しています。

4つめの利益は「税引前当期純利益」です。経常利益に、たとえば臨時的に発生した「特別利益」と「特別損失」をプラスマイナスして計算します。

5つめの利益が「当期純利益」です。税引前当期純利益から「法人税、住民税及び事業税」を差し引いた利益のことで、この利益が貸借対照表の「純資産の部」の「利益剰余金」に蓄積されていきます。

損益計算書は、5つの利益を計算する ②

損益計算書

自　20××年4月1日
至　20××年3月31日

科　目	金　額	
		千円
【営業外収益】		
受取利息	100	
雑収入	900	1,000
【営業外費用】		
支払利息	4,000	4,000
経常利益		(48,000)
【特別利益】		
固定資産売却益	3,000	3,000
【特別損失】		
固定資産除却損	1,000	1,000
税引前当期純利益		(50,000)
法人税、住民税及び事業税		17,500
当期純利益		(32,500)

経常利益

営業利益に、営業外収益と営業外費用をプラスマイナスして計算したもので、会社の経常的な活動による利益です。一般的に「増収増益」の「益」に相当する利益です。

税引前当期純利益

経常利益に、特別利益と特別損失をプラスマイナスして計算した利益です。

当期純利益

税引前当期純利益から、その期で支払うべき法人税などの税金を差し引いたあとの利益です。

「増収増益」の「益」は経常利益を指すことが多いですが、決まりはないため、営業利益、当期純利益を指すこともあります。

05

決算書の利益と実際の資金繰りの違い①

決算書上では利益が出ているのに手元に現金がないのはなぜか

利益が出ていても税金が払えない……

損益計算書の下のほうをみると、「税引前当期純利益」に対して、法人税などの税金が合計で約35％かかっています（136ページ参照）。儲かった利益のなかから税金を払うわけですから、本来はどの会社も払えるはずです。ところが現実には、利益が出ていても、手もちの資金では税金を支払うことができず、わざわざ借入れをする会社が多いのです。

なぜでしょうか。これは、決算書の利益と、実際の資金繰りとが違うことによります。

実際の資金繰りのほうは、いわば経営者が感じる「体感利益」です。両者が大幅に異なることがよくあります。この違いが生じる原因は、おもに3つあります。

税金は利益から支払うので問題ないはずだが……

損益計算書

自　20××年４月１日
至　20××年３月31日

科　目	金　額	
		千円
【　売　上　高　】		
売　上　高	770,000	770,000
【　売　上　原　価　】		
期　首　棚　卸　高	39,000	
仕　入　高	502,000	
小　計	(541,000)	
期　末　棚　卸　高	45,000	496,000
売　上　総　利　益		(274,000)
【販売費及び一般管理費】		223,000
営　業　利　益		(51,000)
【　営　業　外　収　益】		
受　取　利　息	100	
雑　収　入	900	1,000
【　営　業　外　費　用】		
支　払　利　息	4,000	4,000
経　常　利　益		(48,000)
【　特　別　利　益　】		
固定資産売却益	3,000	3,000
【　特　別　損　失　】		
固定資産除却損	1,000	1,000
税引前当期純利益		**(50,000)**
法人税、住民税及び事業税		35% → **17,500**
当　期　純　利　益		(32,500)

利益が出ていても、税金を支払うために借入れをする会社があります。

税金の支払いは2カ月以内

税金を支払う期限は、決算期末から2カ月です。
売上げから現金回収まで2カ月を超える場合、
税金を支払うときに資金不足となり、
金融機関からの借入れが必要になります。

発生主義とは何か

1つめは、「発生主義」にもとづいて、決算書を作成することにあります。

売上げについては商品を売った時点、つまり納品した時点で計上することになります。仕入れについては商品を仕入れた時点、費用については実際に使った時点で、それぞれ計上することになります。

お金の入金があったか、あるいはお金の支払いがあったか、ということはまったく無視されます。たとえば、売上げに対する入金が翌月末、これはよくありますね。さらに翌月の入金分が手形で支払われることもあります。手形の決済が3カ月先となると、お金として回収されるのは4カ月も先になります。

「それならば支払いもすべて手形を振り出せば同じじゃないか」という考えもあるでしょう。たしかに、支払いも4カ月後の決済ならバランスはとれます。

しかし、費用のうちで、給料と家賃については手形振出はしません。給料は労働基準法で「通貨払い」が原則となっています。さらに家賃は、前家賃といって、翌月分を当月末に払う契約が一般的です。つまり、売上代金が4カ月後の入金だと、給料と家賃の支払い分が資金ショートし、さらに、借入れをしないと、決算期末から2カ月後の税金を払うことができなくなってしまうのです。

売上げの入金、仕入れの支払いが4カ月後とすると？

※仕入れた商品が、すべてその月で売れたものとして計算

（単位：千円）

		4月	5月	6月	7月	8月	9月
売上高	発生	50,000	60,000	75,000	45,000	55,000	40,000
	入金	0	0	0	0	50,000	60,000
仕入高	発生	40,000	45,000	60,000	30,000	45,000	25,000
	支払い	0	0	0	0	40,000	45,000
給料手当	支払い	5,000	5,000	5,000	5,000	5,000	5,000
地代家賃	支払い	1,000	1,000	1,000	1,000	1,000	1,000
その他費用	支払い	1,500	1,500	1,500	1,500	1,500	1,500
合計	利益	**2,500**	**7,500**	**7,500**	**7,500**	**2,500**	**7,500**
	資金繰り	△7,500	△7,500	△7,500	△7,500	**2,500**	**7,500**

☞ 利益が出ていても、4～7月で計30,000千円の資金ショートになってしまう。

利　益

売上高（発生）－ 仕入高（発生）－ 給料手当 － 地代家賃 － その他費用

資金繰り

売上高（入金）－ 仕入高（支払い）－ 給料手当 － 地代家賃 － その他費用

06

決算書の利益と実際の資金繰りの違い②

仕入れた商品のうち売れ残り（期末棚卸高）は、費用とならずに結果的に利益となってしまう

棚卸しとは何か

決算書の利益と、実際の資金繰りが違う原因の2つめは、「棚卸し」という考え方です。

棚卸しとは、決算期末に残っている商品について、数量を数えて、仕入れた単価を掛けあわせて、決算期末に残っている商品を計算することです。

会社に入って間もないころ、棚卸しにかり出されたり、あるいは、お店に買い物に行ったときに「本日は棚卸しのため、早めに閉店します」という張り紙をみたりしたことがあるかもしれませんね。棚卸しは会社の決算にどのような影響があるのでしょうか。会社が設立された第1期めで考えてみましょう。

1年間で1個1万円の商品を100個、つまり100万円分を仕入れて、そのなかから一定数量を売り上げて、期末に30個、30万円分が残ったとします。

売上原価を計算してみよう

第1期

仕入高　100万円	売上原価　?万円
	期末棚卸高　30万円

仕入高を左に、期末棚卸高を右下に記載すると、
差し引きで売上原価が計算されます。

(仕入高)(期末棚卸高)(売上原価)
100万円 − 30万円 = 70万円

第2期

期首棚卸高　30万円	売上原価　?万円
仕入高　200万円	期末棚卸高　50万円

(期首棚卸高)(仕入高)(期末棚卸高)(売上原価)
30万円 + 200万円 − 50万円 = 180万円

「棚卸し」の語源

棚卸しの語源は、商品を数えるときに、棚から卸(下)ろして行うことによります。実地で商品の数を調べることから、「実地棚卸し」ということもあります。

売れ残った商品は「費用」から除外される

この第1期で売れ残った商品30万円分については、「期末棚卸高」として計上し、売上原価のなかで差し引く計算を行います。結果として、差し引き後の70万円分が「売上原価」として費用になります。

売上原価は、売り上げた商品の原価のことですが、一つひとつの商品を追って計算することは、商品の種類が増えると手間がかかりすぎます。そこで、残った在庫の金額を差し引いて計算する、という簡便的な方法で行います。

今度は、第2期を考えてみましょう。第1期から繰り越した30万円の在庫(期首棚卸高)があります。200万円の商品を仕入れたとすると、期首の30万円と仕入れた200万円を合計して230万円になります。

そして第2期の決算期末に、50万円分の在庫(期末棚卸高)が残ったとします。この50万円について、第1期と同様に費用から除外して、差し引きの180万円分が売上原価となります。

どんどん商品を仕入れると、すべてが費用になると考えがちですが、決算期末に残っている分は、費用にはならないのです。よって、期末の在庫が期首より多いとその分利益は増え、在庫が少ないとその分利益は減ることになります。

期末棚卸高（在庫）が増えると利益はどうなるか？

在庫が少ない

在庫が
50万円
のケース

期首棚卸高 30万円	**売上原価 180万円**
仕入高 200万円	期末棚卸高 50万円

この部分のみが費用

売上原価は、180万円
→費用が多くなる
→利益は少なくなる
→払う税金も少なくなる

在庫が多い

在庫が
90万円
のケース

期首棚卸高 30万円	**売上原価 140万円**
仕入高 200万円	期末棚卸高 90万円

この部分のみが費用

売上原価は、140万円
→費用が少なくなる
→利益は多くなる
→払う税金も多くなる

つまり

在庫が多いと、
利益が多くなり、
払う税金も多くなる！

07

決算書の利益と実際の資金繰りの違い③

購入した資産の全額は一度に費用とならず、数年かけて「減価償却費」の形で費用になる

減価償却費とは何か

決算書の利益と、実際の資金繰りが違う原因の3つめが「減価償却」です。これは固定資産を買った場合、買ったときにその全額が費用とならず、数年あるいは数十年かけて、減価償却費という形で費用になる、という考え方です。

たとえば、1カ月後に決算が迫っていて、利益が500万円出ているとしましょう。消耗品費、交際接待費、修繕費などさまざまな費用で計500万円を発生させれば、差し引きで利益はゼロとなり、結果的に税金はかかりません。

それでは、会社が500万円の自動車を新車で買ったとすると、この500万円の新車の代金は、すべて費用となるのでしょうか。

自動車は、切手や印紙やコピー用紙など、買ってすぐに使い切るものではありません。少なくとも数年間、管理がよければ10年以上は使えるでしょう。

減価償却費の考え方

一度しか使えない物	数年間は使える物

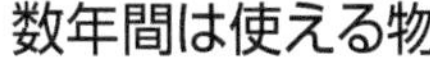

使ったときに費用になる

数年かけて減価償却費という費用になる(注)

(注) 法定耐用年数（法律で使用できる期間として定められた年数）は普通乗用車で６年、そのほか車種により３～５年です。
法人税法上、減価償却をせずに一括で費用処理ができる金額基準は1点10万円未満（資本金１億円以下の会社は、2024年３月末までは１点30万円未満、ただしその決算期で300万円まで）です。

法定耐用年数

税法で定められた耐用年数をいいます。
おもなものでは衣装、映画フィルムなどの2年から、
鉄筋コンクリート造の事務所などの50年まで、
耐用年数表で定められています。

法人税法では、普通自動車については6年間で費用に落とすことと決められています。決算から1カ月以内に自動車を買っても、6年間つまり72カ月のうち、1カ月分しか費用になりません。したがって、お金は出ていってもほとんどが費用にはならず、結果的にあまり節税とならないのです。

減価償却には定率法と定額法がある

減価償却の方法については、購入した当初に減価償却費を多めに計上できる定率法と、毎期同じ金額を償却する定額法の2つがあり、いずれかを選べます。会社の場合は、税務署に届出を出さない限り、定率法が自動的に選択されることになっています（1998年4月1日以後に取得した建物、2016年4月1日以後に取得した建物付属設備および構築物は、いずれも定額法のみ）。

500万円の自動車を購入した事例でみると、定率法のほうが、1期目と2期目までは減価償却費を多く計上できることがわかります。

また、1期目は購入代金の支払いが生じますが、2期目以降は減価償却費のみを計上します。支払いが先行して、その後は数年から10年以上にわたり長期的に費用を計上することになります。

自動車(500万円)購入時の減価償却費の比較

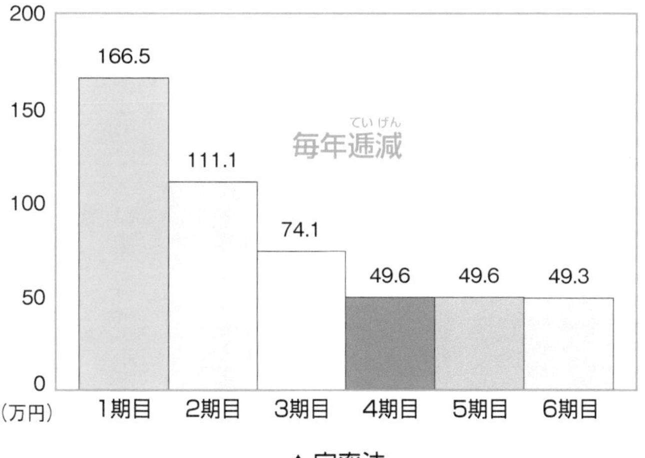

▲定率法

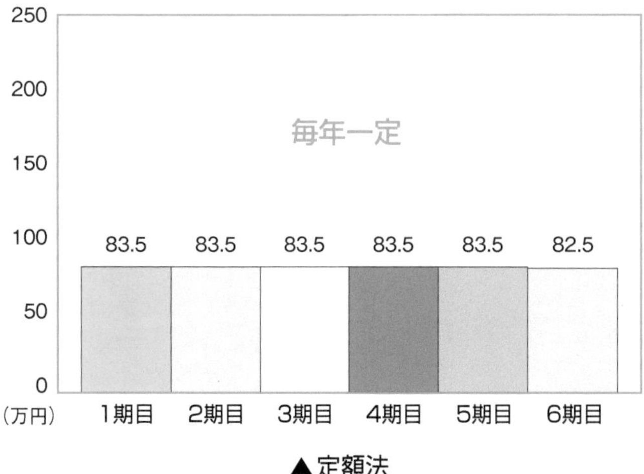

▲定額法

(注) 端数処理を四捨五入により行っているため、合計額は一致しません。

08

売上高と利益の比率で損益計算書の理解を深めよう①

売上高と売上総利益を比較して、パーセントであらわしたものが「売上総利益率」

売上総利益率をみてみよう

損益計算書は、売上高と利益との比率をみることにより、理解が深まります。売上高を100として、各利益の割合をパーセントであらわします。

Ⓐ売上高とⒷ売上総利益を比較したものが「売上総利益率」です。粗利益率（あらりえきりつ）、粗利率（あらりりつ）ともいいます。売上総利益率は業種によって、かなりばらつきがあります。たとえば、仕入れの割合が非常に高い卸売業と、仕入れがそれほどないサービス業とでは比率が、かなり違ってきます。そのため、売上総利益率は、同業他社との比較が大切になります。

この比率を高めることが、会社が儲けるためのポイントです。また、自社の決算書でも前期との比較や、最近3期から5期との比較をしてみるのも、大切なことです。

売上総利益率をみてみよう

損益計算書

自　20××年４月１日
至　20××年３月31日

科目	金額	
		千円
【売上高】		
売上高	770,000	Ⓐ **770,000**
【売上原価】		
期首棚卸高	39,000	
仕入高	502,000	
小計	(541,000)	
期末棚卸高	45,000	496,000
売上総利益		Ⓑ **(274,000)**

売上総利益率

$$\frac{\text{Ⓑ 売上総利益}}{\text{Ⓐ 売上高}} \times 100 = \frac{274,000}{770,000} \times 100 = \mathbf{35.6\%}$$

業種別平均値（2021年度）

業種	平均値
卸売業	15.9%
小売業	30.1%
建設業	23.5%
製造業	21.4%
情報通信業	47.3%
サービス業	45.4%

（注）「中小企業実態基本調査」（中小企業庁ホームページ）より作成

「商社」と「メーカー」

「商社」とは、業種でいうと「卸売業」のことで、
商品を消費者ではなく、小売店など業者に販売します。
「メーカー」とは、業種でいうと「製造業」のことで、
自社で製品を製造し、小売店や消費者に販売します。

商品別の売上総利益率でこんなことがわかる

さらに、会社の売上総利益をもう少し詳しく分析したいのであれば、商品別にみるのもよいでしょう。たとえば、A商品、B商品、C商品と3つの商品を取り扱い、売上総利益率が30%の会社について、商品ごとに分析すると左ページの表のようになります。

この会社の今後の売上総利益率を高めて、経営を安定させるためには、どのようにしたらよいでしょうか。

A商品は売上総利益率は低いのですが、会社の売上げの大きな柱です。売上げの50%を占めるこのA商品について、売上総利益率が低いままでよいのか、または利益率を高める工夫をすべきなのか、考える必要があります。

つぎにB商品とC商品をみてみましょう。B商品の売上総利益率は33%、C商品の売上総利益率は50%です。いずれの売上げを上げることによっても、現状の売上総利益率の30%から引き上げられます。ただし、より効率よく利益を稼ぐためには、C商品の販売に力を入れるべきことは一目瞭然でしょう。

また、得意先ごとの分析も有効です。売上総利益率が低い得意先や、少ない売上げで、売上総利益率の高い得意先などがわかり、今後の対策が立てられます。

商品ごとの売上総利益率をみてみよう

	A商品	B商品	C商品	合計
売　上　高	5億円	3億円	2億円	10億円
売上比率	50%	30%	20%	100%
売上原価	4億円	2億円	1億円	7億円
売上総利益	1億円	1億円	1億円	3億円
売上総利益率	20%	33%	50%	30%

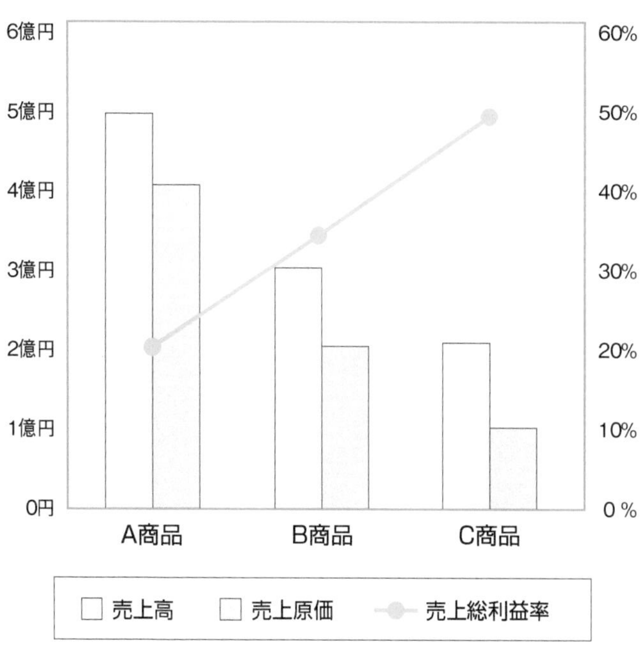

09

売上高と利益の比率で損益計算書の理解を深めよう②

売上高と営業利益の比較が「売上高営業利益率」、売上高と経常利益の比較が「売上高経常利益率」

売上高営業利益率と売上高経常利益率をみてみよう

「売上高営業利益率」は、Ⓐ売上高と会社のⒷ営業利益とを比較したものです。単に「営業利益率」ともいいます。

営業利益は、売上総利益から「販売費及び一般管理費」を差し引いた利益ですので、先ほどの売上総利益率よりぐっと小さくなります。会社の本業で稼ぎ出す利益なので、少なくともプラスである必要があります。

この売上高営業利益率も業種によってばらつきがあります。情報通信業やサービス業など、売上総利益率が高い業種は、総じて人件費が多くかかる傾向があります。左の業界別平均値では、情報通信業が利益率は最も高くなっています。ソフトウェア開発やインターネット関連事業などは近年好調な業種です。

営業利益の比率を高めるには、売上総利益と販売費及び一般管理費のバラン

売上高営業利益率をみてみよう

損益計算書

自　20××年4月1日
至　20××年3月31日

科目	金額	
		千円
【売上高】		
売上高	770,000	Ⓐ **770,000**
【売上原価】		
期首棚卸高	39,000	
仕入高	502,000	
小計	(541,000)	
期末棚卸高	45,000	496,000
売上総利益		(274,000)
【販売費及び一般管理費】		223,000
営業利益		Ⓑ **(51,000)**

売上高営業利益率

$$\frac{Ⓑ\ 営業利益}{Ⓐ\ 売上高} \times 100 = \frac{51,000}{770,000} \times 100 = \mathbf{6.6\%}$$

業種別平均値（2021年度）

業種	平均値
卸売業	2.0%
小売業	1.2%
建設業	4.1%
製造業	3.8%
情報通信業	6.4%
サービス業	3.5%

（注）「中小企業実態基本調査」（中小企業庁ホームページ）より作成

支払利息の増加

支払利息が増えると、経常利益は少なくなります。
その原因はおもに以下のとおりです。
①借入金の増加
②インフレによる金利の上昇
③業績悪化による借入金利の上昇

スをうまくとる必要があります。売上総利益を稼ぐのに、たくさんの費用を使ってしまうと、営業利益はあまり稼げません。逆に少ない費用で効率的に経営すれば、営業利益がたくさん稼げます。この比率を高めるためには、会社の費用一つひとつに対して、妥当な金額なのかをチェックする必要があります。

売上高経常利益率が5%以上なら優良企業

営業利益の下には営業外損益が計上されています。内容は、受取利息、受取配当金、雑収入などの収益や、支払利息や手形売却損（いわゆる手形割引料）などの費用で、おもに金融取引が該当します。これらをプラスマイナスして経常利益を計算します。Ⓐ売上高とⒷ経常利益を比較したものが、「売上高経常利益率」となります。これも単に「経常利益率」ともいいます。

経常利益では、会社の経常的な活動による利益が計算されます。この売上高経常利益率は、できれば5％、さらに10％までを目指したいところです。5％以上なら優良、10％以上なら超優良な会社です。

つまり、売上げ１００に対して、売上原価と費用を合計して95使って、5だけ利益が残れば優良、さらに、売上原価と費用を合計して90におさえて、利益が10残れば超優良な会社ということになります。

売上高経常利益率をみてみよう

損益計算書

自　20××年4月1日
至　20××年3月31日

科　　目	金　　額	
		千円
【売　上　高】		
売　　上　　高	770,000	Ⓐ **770,000**
〜〜〜		
【営業外収益】		
受　取　利　息	100	
雑　　収　　入	900	1,000
【営業外費用】		
支　払　利　息	4,000	4,000
経　常　利　益		Ⓑ **(48,000)**
〜〜〜		

売上高経常利益率

$$\frac{\text{Ⓑ 経常利益}}{\text{Ⓐ 売上高}} \times 100 = \frac{48{,}000}{770{,}000} \times 100 = \mathbf{6.2\%}$$

業種別平均値（2021年度）

卸売業	2.6%
小売業	2.2%
建設業	5.1%
製造業	5.1%
情報通信業	7.8%
サービス業	5.2%

（注）「中小企業実態基本調査」（中小企業庁ホームページ）より作成

10

損益計算書の費用はココをみる①

人件費には「給料手当」「役員報酬」「法定福利費」「福利厚生費」が含まれる

費用のメインはなんといっても人件費

「販売費及び一般管理費の内訳」（27ページ参照）には、費用がたくさん並んでいます。どこにポイントを置いて費用をみればよいのでしょうか。

会社の費用でなんといっても一番大きなものは、人件費です。「給料手当」と「役員報酬」は、会社が直接支払う大きな費用です。まとめて「給料手当」と表示する会社もあります。さらに広い意味では、「法定福利費」と「福利厚生費」も人件費と考えられます。法定福利費とは社会保険料のことで、健康保険、介護保険（40歳以上）、厚生年金、労働保険の保険料の会社負担分です。

社員側も毎月の給料から社会保険料が差し引かれており、給料明細をみるとわかります。これは社員本人の負担分で、これと同額以上を会社でも負担しています。つまり、会社がまとめて2倍以上の金額を翌月末に支払っているので

人件費とは？

広い意味では、以下の4項目となります。
狭い意味では、給料手当と役員報酬になります。

給料手当

社員、パート、アルバイトの給料・賞与のこと。役員報酬を含めて、一括で「給料手当」と表示する決算書や、パートとアルバイトの給料を「雑給」として別に表示する決算書もあります。

役員報酬

役員に対する報酬のこと。

法定福利費

健康保険料、厚生年金保険料、労働保険料などの会社負担分のこと。

法定福利費（社会保険料の支払い）は大きな負担です。
健康保険料…給与賞与の5.00%（東京都の場合）
厚生年金保険料…給与賞与の9.15%（一般の被保険者）
子ども・子育て拠出金…給与賞与の0.36%
労働保険料…給与賞与の0.95%（その他の各種事業）
→あわせて15.46%の負担となります（2023年9月1日現在）。

福利厚生費

社内のコーヒー代、お茶代、残業食代、忘年会、社員旅行などの費用。

給料をおさえればよいのか

労働分配率は低いほうが経営は安定しますが、
給料をおさえすぎると社員から不満が出ます。
「少数精鋭」で、個人の給料は「高水準」にし、
給料総額が高くならない経営を目指しましょう。

す。会社の負担率は、給料手当、役員報酬に対して約15％にもなります。

さらに、福利厚生費とは、会社で使うコーヒー代、お茶代、残業食代、また忘年会、社員旅行などの費用です。

労働分配率とは何か

人件費が会社の付加価値に対して、どのくらいの割合になるかを「労働分配率」といいます。「付加価値」とは、売上げにより新たに生み出した価値のことです。たとえば、仕入値が30円の商品を50円で売り上げた場合、付加価値は20円です。小売業や卸売業などの場合は、売上総利益と考えてかまいません。

この比率に使う人件費は、広い意味での人件費です。付加価値に対して、会社がどのくらい人件費を使っているかの割合が、労働分配率です。この労働分配率が70～80％になると、経営はかなり苦しくなります。売上総利益を上げるか、人件費を下げないと、会社はいずれ存続がきびしくなります。

また、人件費は「固定費」となります。固定費とは、売上げが増えても減っても会社が一定額を支払う費用のことです。給料をもらう側で考えてみるとわかります。会社の売上げが下がっても、基本給が減ることはありませんね。

労働分配率をみてみよう

損益計算書

自　20××年4月1日
至　20××年3月31日

科目	金額	
		千円
【売上高】		
売上高	770,000	770,000
【売上原価】		
期首棚卸高	39,000	
仕入高	502,000	
小計	(541,000)	
期末棚卸高	45,000	496,000
売上総利益		Ⓐ **(274,000)**
【販売費及び一般管理費】		223,000
営業利益		(51,000)

販売費及び一般管理費の内訳

科目	金額	
		千円
給料手当	**117,000**	Ⓑ
退職金	**5,000**	Ⓑ
法定福利費	**16,000**	Ⓑ
福利厚生費	**2,000**	Ⓑ
広告宣伝費	7,000	
減価償却費	15,000	
合計		(223,000)

労働分配率

$$\frac{Ⓑ\ \text{人件費(広義)}}{Ⓐ\ \text{売上総利益}} \times 100 = \frac{140,000}{274,000} \times 100 = \mathbf{51.1\%}$$

※70～80%になると経営は苦しくなる

11

損益計算書の費用はココをみる②

会社が存続していくためには、社員は給料の2・5～3倍の売上総利益を稼がなければならない

給料に対していくら売り上げればよいか

給料と売上総利益の関係をもう少し掘り下げてみましょう。給料をもらう立場で考えてみてください。たとえば、月給30万円の営業社員であるあなたは、いくら売上げを上げればよいのでしょうか。30万円でよいでしょうか。いいえ、違いますね。30万円の売上げが、まるまる会社の利益にはならないからです。

左ページの表の数字をもとに損益計算書の仕組みを復習してみましょう。

少なくとも、売上総利益30万円に相当する売上げを上げる必要があります。30万円を売上総利益率で割ると、30万円÷35・6％＝約84万円です。給料の約3倍になります。では、これだけ稼げばよいのでしょうか。

先に説明したように、社会保険料の会社負担分である法定福利費だけでも、給料の約15％がかかります。さらに、家賃や水道代、電気代、コピー機のリー

月給30万円の営業社員は、いくら売上げを稼げばよいか？

損益計算書

自　20××年4月1日
至　20××年3月31日

科目	金額	
		千円
【売上高】		
売上高	770,000	Ⓐ **770,000**
【売上原価】		
期首棚卸高	39,000	
仕入高	502,000	
小計	(541,000)	
期末棚卸高	45,000	496,000
売上総利益		Ⓑ **(274,000)**

売上総利益率

$$\frac{Ⓑ\ 売上総利益}{Ⓐ\ 売上高} \times 100 = \frac{274{,}000}{770{,}000} \times 100 = \mathbf{35.6\%}$$

よって必要な売上高は

売上総利益　売上総利益率
30万円 ÷ 35.6% = **84万円**

最低でも、これだけの
売上げが必要！

売上総利益から必要売上高を逆算する

給料の2.5～3倍の売上総利益が必要。
その金額を売上総利益率で割れば、
自分に必要な売上高が計算できます。
売上総利益÷売上総利益率＝必要な売上高

ス代など、会社にはさまざまな費用がかかります。

また、会社のなかには経理、総務、人事など重要な仕事ですが、売上げを直接生まない部署もあります。これらを「間接部門」といいます。これらの部門のバックアップで営業に打ちこめるわけです。この人件費も営業社員の売上げでまかなう必要があります。そのほか、会社の人件費には、ボーナスや退職金などもあります。さらに、会社が存続するために、経常利益を出し続けることが必要ですが、経常利益分の売上げも、営業社員が上げる必要があるのです。

社員は毎月給料の7～8倍の売上げを上げる必要がある

およそ自分の給料の2・5～3倍の売上総利益を稼ぐことで会社は成り立つ、といわれています。

となると、30万円×2・5～3（倍）＝75万～90万円の売上総利益が必要です。これを売上総利益率（35・6％）で割ると、毎月約210万～250万円の売上げを上げる必要があります。営業社員の責任は重大ですね。

このように、社員が自分の給料と会社の売上げを比較するようになると、社長は泣いて喜びますよ。

いくら売上げを稼げばよいか、もう少し詳しくみてみよう

販売費及び一般管理費の内訳

科目	金額	
		千円
給料手当	117,000	
退職金	5,000	
法定福利費	16,000	
福利厚生費	2,000	
広告宣伝費	7,000	
減価償却費	15,000	
〜	〜	〜
会議費	2,000	
貸倒引当金繰入	1,000	
合計		(223,000)

営業社員の売上げでまかなうもの

①間接部門（経理、総務、人事など）の人件費
②そのほかの「販売費及び一般管理費」のすべて
③さらに「経常利益」も

給料の2.5〜3倍の売上総利益が必要

30万円×2.5〜3÷売上総利益率（35.6%）
＝**210万〜250万円**ぐらい
の売上高が必要

12

損益計算書の費用はココをみる③

固定費である「地代家賃」と
一定の条件で税負担が発生する「交際費」

固定費となる地代家賃は過大ではないか

人件費と比べると金額は少ないですが、どの会社でもほぼ発生している費用があります。それは、「地代家賃」と「交際費（交際接待費）」です。

「地代家賃」とは、会社が支払う事務所や工場、駐車場などの賃借料のことです。これも毎月の固定費です。

会社の地代家賃の負担額が過大ではないか、考えてみる必要があります。一度その事務所や工場を借りると、その後引っ越しすることは簡単にはできません。さらに、入居時には保証金や敷金、礼金を支払わなくてはなりません。

会社が借りている事務所や工場の一つひとつについて、売上げにどれだけ貢献しているかをチェックする必要があるでしょう。負担額が大きいようであれば、駅から遠くなっても家賃の安いところに引っ越すことが一つの方法です。

地代家賃は大きな固定費

販売費及び一般管理費の内訳

科目	金額	
		千円
給料手当	117,000	
退職金	5,000	
交際接待費	**3,000**	
保険料	4,000	
通信費	5,000	
諸会費	1,000	
新聞図書費	1,000	
地代家賃	**12,000**	
会議費	2,000	
貸倒引当金繰入	1,000	
合計		(223,000)

地代家賃（事務所や工場の家賃、駐車場代など）の特徴

- 売上高が上がっても下がっても、一定にかかる「固定費」である。
- 多額の保証金、敷金がかかる。
- さらに更新料がかかる。
- 翌月分を前月に前払いするケースがほとんど。
- 事務所の家賃には共益費もかかる。

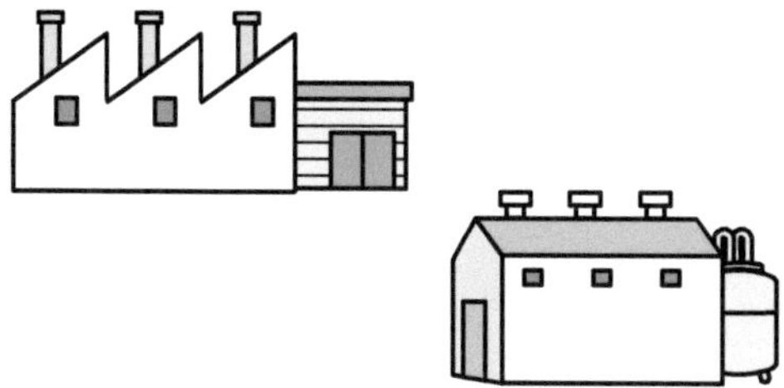

法人税法上の交際費
1人5000円（税抜）を超える社外の人との飲食代、お中元、お歳暮などの贈答品代、社外の人へのお祝い金、香典、ゴルフ代、パーティ費用など。

また、営業所を統合して、少し大きな事務所を借りるのもいいでしょう。

さらに、会社のなかの整理・整頓を徹底しましょう。1坪（3・3平方メートル）の家賃が1万円の事務所であれば、1坪分にムダな書類や道具が山のようになっていると、1年間で12万円のムダな費用が出ていることになります。

資本金1億円以下の会社は年800万円までの交際費が損金に

つぎに「交際費」ですが、交際費には、取引先や社内での接待費、あるいはゴルフのプレー代などが該当します。仕事上、使わざるを得ない交際費も当然あるでしょう。会社の資本金に応じて、1年間で会社が税務上、損金（費用）にできる交際費の金額は定められています。

資本金1億円以下の会社は、年800万円が限度額となっています。仮に1年間で500万円使った場合は、全額が損金となります。900万円使った場合は、限度額の800万円を超えた100万円が課税対象となります。

また、資本金が1億円超の会社は社外交際費（飲食代に限る）については、その50％が損金となります（上限なし）。

資本金1億円以下の会社は、いずれか有利なほうを適用できます。

交際費の損金限度額

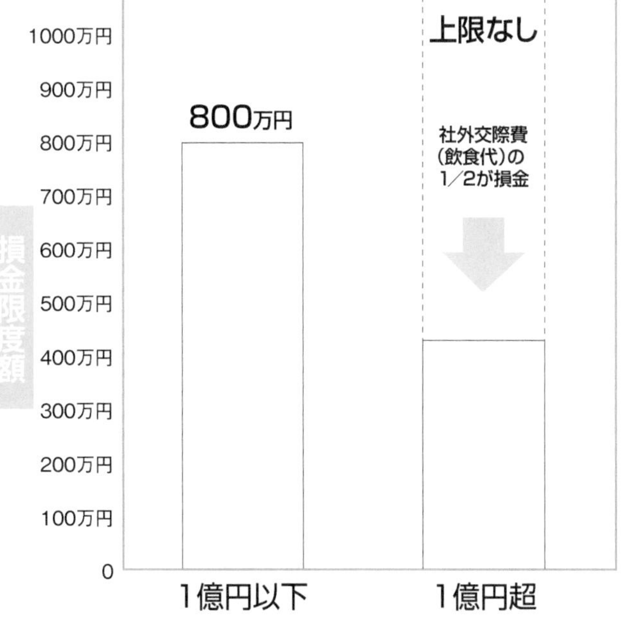

● 「損金」とは、税金計算での「費用」という意味

（注1）資本金が1億円以下の会社は、①と②のいずれかを適用できます。
（注2）資本金が1億円超の会社は、②のみを適用できます。
①2024年3月31日までに開始する期は、交際費の限度額が800万円に広がるとともに、その全額が損金となります。
②2024年3月31日までに開始する期は、社外交際費（飲食代に限る）については、その50％が損金となります。上限はありません（資本金100億円超の会社は除く）。

! 1人当たり5000円以下（税抜）の飲食費（社外の人とのもの）は、全額が損金に算入されます。

13

「変動費」と「固定費」に分けて考えてみよう

費用には売上げに連動して増減する「変動費」と常に一定の「固定費」の2つがある

変動費と固定費の内容とは?

ここからは、損益計算書を別の角度からみてみましょう。

費用は、売上げに比例して増減する「変動費」と、売上げに比例せず、固定的に発生する「固定費」の2つに分けることができます。

変動費は、仕入高や外注費などです。一方、固定費は、給料手当などの人件費や地代家賃などの費用です。

変動費、固定費の区分は、経営分析のために便宜的に行うものです。法律で、この科目は変動費にしなければいけない、この科目は固定費にしなければいけないと決まっているものではありません。会社の実情にあわせて、分け方はおおよそでかまいません。

「変動費」と「固定費」の区分

変動費

売上げに比例して、増減する費用のこと。仕入高、材料費、外注費など。

固定費

売上げに比例せず、固定的に発生する費用のこと。給料手当、地代家賃など。

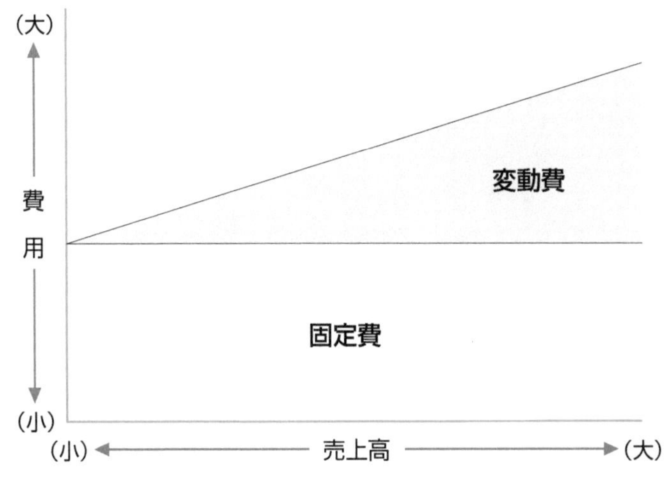

売上高が大きくても小さくても一定額発生する費用が「固定費」。売上高が大きくなれば大きくなり、小さくなれば小さくなる費用が「変動費」です。

固定費削減は効果が高い

固定費で一番大きい「人件費」については、
削減すればそのまま経常利益の増加になります。
上場会社などで行う人員削減は、
固定費を削減することが大きな目的です。

経費削減は変動費？　それとも固定費？

小売業を前提に、「変動費」を売上原価のみ、「固定費」をそのほかの販売費及び一般管理費と支払利息などに区分します。

経常利益までの部分を、①売上高、②変動費、③固定費、と並べて損益計算書をつくり直すと、「変動損益計算書」ができます。売上高に対する変動費の比率が64・4％で、これが「変動比率」です。「比」の代わりに「費」を使い「変動費率」ということもありますが、意味はまったく同じです。

売上高から変動費を差し引いたものを「限界利益」といいます。売上高に対する限界利益の比率（限界利益率）は35・6％になります。このケースでは結果的に売上総利益率（45ページ参照）と等しくなります。この限界利益で固定費をまかなえれば、経常利益はかならずプラスになります。

このように変動損益計算書につくり直してみると、会社の費用のうち、どこに手をつければ利益を大きくできるかが、わかりやすくなります。

仕入値（変動費）を引き下げるか、人件費や家賃（固定費）を引き下げるのか、今後の経営方針を考えるうえで重要です。また、社員を増やすときは、正社員（固定費）ではなく、アルバイト（変動費）を増やす方法も検討できます。

変動損益計算書をみてみよう

変動損益計算書

自　20××年4月1日
至　20××年3月31日
（単位：千円）

	金　額	構成比
【売上高】	770,000	100.0%
期首棚卸高	39,000	5.1%
仕入高	502,000	65.2%
期末棚卸高	△ 45,000	△5.8%
【変動費合計】	496,000	**64.4%**
（限界利益）	274,000	**35.6%**
人件費	140,000	18.2%
減価償却費	15,000	1.9%
販売費	7,000	0.9%
一般管理費	61,000	7.9%
支払利息	4,000	0.5%
営業外収益	△ 1,000	△0.1%
【固定費合計】	226,000	29.4%
（経常利益）	48,000	6.2%
特別利益	3,000	0.4%
特別損失	△ 1,000	△0.1%
（税引前当期純利益）	50,000	6.5%

！ 通常の損益計算書と比べて、金額を大づかみでき、会社の業績の傾向がわかります。

14

収支トントンとなる「損益分岐点」を考えよう

会社の収支（売上げと費用）がプラスマイナスゼロになる点を損益分岐点という

損益分岐点から、必要な売上高を逆算できる

つぎは、会社の「損益分岐点」を考えてみましょう。損益分岐点とは、会社の収支がトントンになる売上高のことです。経常利益がちょうどゼロになる売上高と考えてよいでしょう。この損益分岐点を考える場合の前提条件として、会社の変動比率は一定、固定費の金額も一定と考えます。

たとえば、変動比率70％、固定費を年間3億円としましょう。変動比率70％とは、売上げが１００増えると、変動費が70増えるということです。

この会社の損益分岐点、つまり収支トントンとなるために必要な売上高はどのくらいでしょうか。固定費の3億円を「1－変動比率70％＝30％」で割ると、10億円になります。この会社が収支トントンになるためには、10億円の売上高が必要となります。売上高が10億円で、費用が10億円（固定費3億円＋変動費

「損益分岐点」とは？

売上高と変動費のグラフ

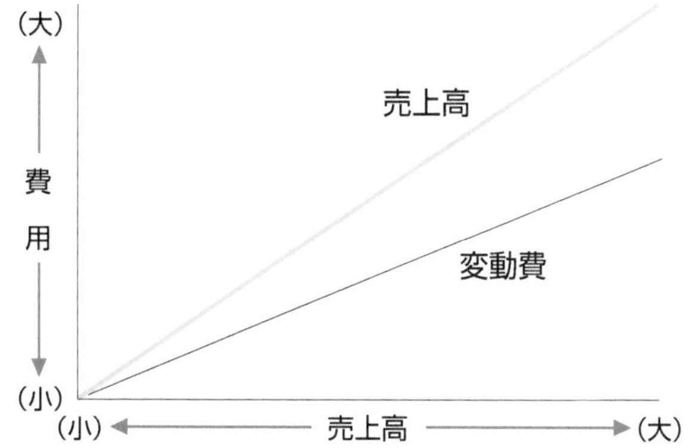

固定費を加えると……

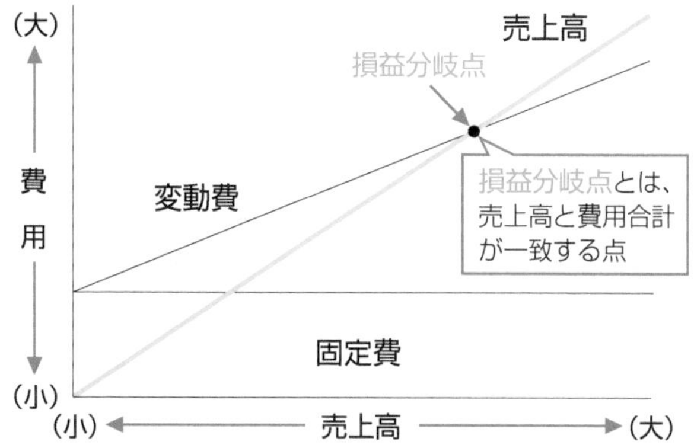

損益分岐点

☞ 固定費が3億円、変動比率が70%の場合

$$\frac{\text{固定費}}{(1-\text{変動比率})} = \frac{3\text{億円}}{(1-70\%=30\%)} = 10\text{億円}$$

レンタルオフィスで地代家賃を削減
会社を設立した当初や、新営業所の開設時には、受付、会議室、コピー機などが用意されている省スペースのレンタルオフィスを使えば、固定費を削減することができます。

7億円）ならば、ちょうど収支トントンですね。

売上げが多少上下しても固定費はほとんど変わらない

それでは、この会社が10億円の売上高から1億円アップして売上高11億円になると、経常利益はどのくらい増えるのでしょうか。

固定費は変わらないという前提ですから、売上げが1億円アップすると、変動費は70％を掛けた7000万円増えることになります。よって、差し引き3000万円が会社の経常利益として残ることになります。

それでは、売上げがダウンした場合はどうでしょうか。同じように10億円の売上高が、1億円減少して9億円になったとします。売上高が1億円少なくなると、仕入高などの変動費も7000万円少なくなります。しかし固定費は変わらない前提なので、よって、会社は3000万円の赤字になります。

売上高が、多少上がっても下がっても、固定費はほとんど変わらない、というのが現実なのです。正社員の給料や地代家賃などは、売上高の上下にかかわらず、支払額がまったく変わりません。経営者にとっては、売上高が下がったときに、固定費のきびしさが身にしみます。

売上げがアップ、ダウンすると……

売上げアップ

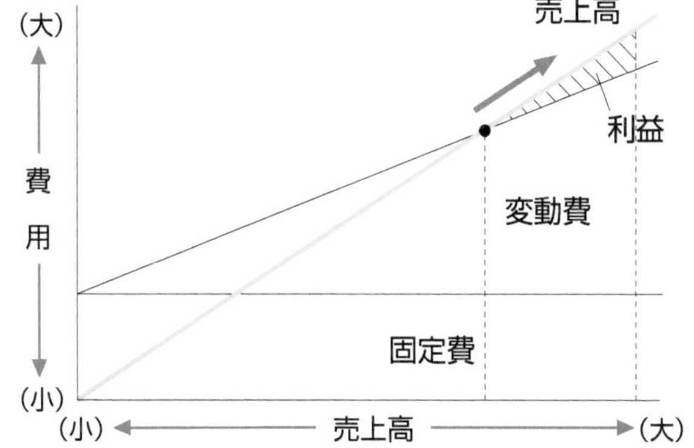

売上げのアップにより、「1－変動比率」の割合で利益が増えます。
このケースでは「1－70%」、つまり30%増です。

売上げダウン

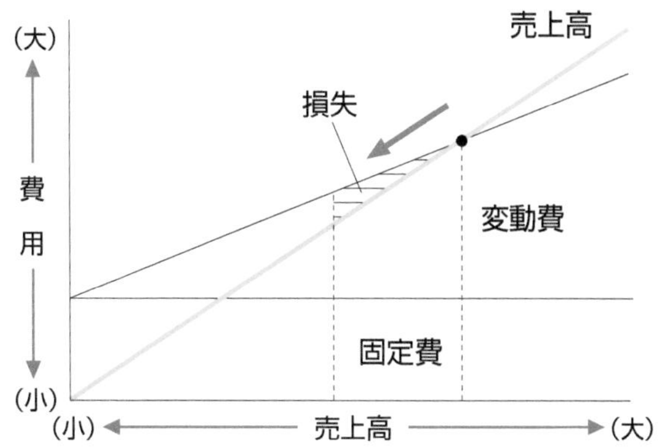

売上げのダウンにより、「1－変動比率」の割合で利益が減ります。
このケースでは同じく、「1－70%」で30%減です。

15

製造原価報告書もみてみよう

「製造原価報告書」は、工場の費用(「材料費」「労務費」「外注加工費」「製造経費」)の内訳

「製造原価報告書」は製造業だけがつくる

これまでは、小売業や卸売業を前提に損益計算書をみてきました。

ところで、製造業、たとえば機械部品や食料品などの製造会社の場合、損益計算書とは別に、もう1つ「製造原価報告書」という書類をつくることがあります。これは、損益計算書のなかに、工場の費用の一覧表をつくったものです。

「製造原価報告書」は、工場の費用を4つのグループに区分して作成することが一般的です。上から、材料費、労務費、外注加工費、製造経費です。

「材料費」は、製品を製造するために必要な材料の仕入高に、期首材料棚卸高と期末材料棚卸高をプラスマイナスして、材料の原価を計算します。

「労務費」は、工場で働く人の賃金、法定福利費などを計上します。

「外注加工費」は、社外に依頼した材料の加工等の費用を計上します。

製造原価報告書をみてみよう

製造原価報告書

自　20××年4月1日
至　20××年3月31日

科目	金額	
		千円
【材料費】		
期首材料棚卸高	70,000	
材料仕入高	300,000	
小計	(370,000)	
期末材料棚卸高	60,000	310,000
【労務費】		
賃金	140,000	
法定福利費	15,000	155,000
【外注加工費】		110,000
【製造経費】		
水道光熱費	5,000	
運賃	9,000	
消耗品費	4,000	
旅費交通費	6,000	
減価償却費	10,000	
修繕費	4,000	
地代家賃	9,000	47,000
総製造費用		(622,000)
期首仕掛品棚卸高		14,000
期末仕掛品棚卸高		16,000
当期製品製造原価		(620,000)

(注)「材料費」「労務費」「製造経費」(単に「経費」などと表示することもある)の３つの区分で作成されているものもあります。

作成義務はないので、中小企業の場合はつくっていない会社もあります。

製造業の期末の製品原価は、
材料費や工場の人件費、外注費、減価償却費など、
その製品にかかった費用を合計して計算します。
この計算のしかたを「原価計算」といいます。

「製造経費」は、それ以外のさまざまな工場で使う費用を計上します。

「仕掛品」とは何か

この製造原価報告書で少しわかりづらいのが、一番下にある「期首仕掛品棚卸高」と「期末仕掛品棚卸高」です。「仕掛品（しかかりひん）」とは、その製造が仕掛かっている、つまり製品になっていないものを指します。

たとえば、A製品の製造工程が10あるとして、材料費、労務費、外注加工費などを投入して、決算期末で1～9の工程のものは、まだ製品になっていません。決算期末にこの状態のものが仕掛品です。在庫の一種になります。

売上原価の計算（37ページ参照）と同様に、期首仕掛品棚卸高をプラスして、期末仕掛品棚卸高をマイナスして、一番下の当期製品製造原価を計算します。

製造原価報告書を作成すると、工場の費用がわかりやすくなる半面、たとえば固定費である人件費や地代家賃が、損益計算書と製造原価報告書の2つに分かれてしまって、固定費、変動費という見方がわかりづらくなる欠点があります。製造原価報告書を作成した場合には、変動損益計算書（67ページ参照）を別につくったほうが、会社の費用を大きくつかむのには便利です。

損益計算書と製造原価報告書の関係をみてみよう

損益計算書（製造業のもの）

自　20××年4月1日
至　20××年3月31日

科　目	金　額	
		千円
【売上高】		
売上高	810,000	810,000
【売上原価】		
期首棚卸高	53,000	
当期製品製造原価	**620,000**	
小計	(673,000)	
期末棚卸高	56,000	617,000
売上総利益		(193,000)

製造原価報告書

自　20××年4月1日
至　20××年3月31日

科　目	金　額	
		千円
【材料費】		
期首原材料棚卸高	70,000	
【労務費】		
賃金	140,000	
法定福利費	15,000	155,000
地代家賃	9,000	47,000
総製造費用		(622,000)
期首仕掛品棚卸高		14,000
期末仕掛品棚卸高		16,000
当期製品製造原価		**(620,000)**

16

「前期との比較」で会社の傾向を探ろう

当期分と前期分を並べた比較損益計算書で改善された点や問題点がみえてくる

売上げ、売上総利益、期末棚卸高はどうなっているか

損益計算書は、当期分と前期分とを比べることによって、会社の業績の傾向がよりいっそうわかってきます。

左ページの比較損益計算書をみてください。売上高は前期と比べて3000万円少なくなっています。一方、経常利益をみると、前期と比べて400万円増えています。売上げが減っているにもかかわらず経常利益が増えているので、いわゆる「減収増益」です。当期分と前期分の損益計算書を並べて、どこの部分が改善されたかをみてみましょう。

2期分を比較する場合、増減が大きい科目を中心にみていきます。売上げの減少に比べて、売上総利益はそれほど落ちこんでいません。むしろ売上総利益率は、前期35・0％から当期35・6％と改善されています。ただし、期末棚卸

前期の損益計算書と比較してみよう

比較損益計算書

自　20××年４月１日
至　20××年３月31日

科　　目	当　期	前　期	増　減	増減率
	千円	千円	千円	
【売　上　高】				
売　上　高	770,000	800,000	△**30,000**	△3.8%
【売上原価】				
期首棚卸高	39,000	40,000	△1,000	△2.5%
仕　入　高	502,000	519,000	△17,000	△3.3%
小　計	(541,000)	(559,000)	(△18,000)	(△3.2%)
期末棚卸高	45,000	39,000	**6,000**	**15.4%**
売上総利益	(274,000)	(280,000)	(△**6,000**)	(△**2.1%**)
【販売費及び一般管理費】	223,000	232,000	△9,000	△3.9%
営　業　利　益	(51,000)	(48,000)	(3,000)	(6.3%)
【営業外収益】				
受　取　利　息	100	200	△100	△50.0%
雑　収　入	900	800	100	12.5%
【営業外費用】				
支　払　利　息	4,000	5,000	△1,000	△20.0%
経　常　利　益	(48,000)	(44,000)	(**4,000**)	(**9.1%**)
【特　別　利　益】				
固定資産売却益	3,000	0	3,000	—
【特　別　損　失】				
固定資産除却損	1,000	0	1,000	—
税引前当期純利益	(50,000)	(44,000)	(6,000)	(13.6%)
法人税、住民税及び事業税	17,500	15,400	2,100	13.6%
当　期　純　利　益	(32,500)	(28,600)	(3,900)	(13.6%)

減っている

増えている

増えている

決算書は比較が大切

決算書は、2期、3期、同業種データと比較して、
その差をみることが大切です。
差の原因は何か？ どう改善するか？を考えて、
今後の会社経営に役立てましょう。

高が600万円も増えています。在庫が増えると「現金及び預金」が少なくなり、資金繰りは悪くなります。今後は在庫を減らしていくのがよいでしょう。

販売費及び一般管理費の各費用の動きは？

つぎに、販売費及び一般管理費をみてみましょう。前期と比べて大きく変わった点は、給料手当が減ったことです。その下に退職金が計上されています。一部の社員が退職し、給料の支給額が減ったことがわかります。

また、旅費交通費が増え、支払手数料が減っています。旅費交通費が増えたことは、売上げがきびしいなかで、営業活動をいままで以上に積極的に行ったことが推測されます。今後、営業活動の成果が少しずつ出てくるでしょう。

支払手数料は、税理士や弁護士の費用、金融機関などの振込手数料が該当します。前期はたまたま大きな支払いがあったのでは、と考えられます。

いくつかの費用が減ったことによって、販売費及び一般管理費は、トータルで900万円、3・9％の減少となっています。売上原価と販管費の改善により、経常利益は400万円の増加となっています。売上げの減少にもかかわらず、業績が改善したことが、比較損益計算書によってよくわかります。

前期の販売費及び一般管理費と比較してみよう

比較販売費及び一般管理費

自　20××年4月1日
至　20××年3月31日

科　目	当　期	前　期	増　減	増減率
	千円	千円	千円	%
給料手当	117,000	130,000	**△13,000**	**△10.0%**
退職金	5,000	0	**5,000**	—
法定福利費	16,000	18,000	△2,000	△11.1%
福利厚生費	2,000	2,000	0	0.0%
広告宣伝費	7,000	7,000	0	0.0%
減価償却費	15,000	16,000	△1,000	△6.3%
賃借料	5,000	5,000	0	0.0%
修繕費	4,000	2,000	2,000	100.0%
事務用品費	1,000	2,000	△1,000	△50.0%
消耗品費	5,000	5,000	0	0.0%
水道光熱費	4,000	4,000	0	0.0%
旅費交通費	9,000	6,000	**3,000**	**50.0%**
支払手数料	3,000	5,000	**△2,000**	**△40.0%**
租税公課	1,000	1,000	0	0.0%
交際接待費	3,000	4,000	△1,000	△25.0%
保険料	4,000	3,000	1,000	33.3%
通信費	5,000	5,000	0	0.0%
諸会費	1,000	1,000	0	0.0%
新聞図書費	1,000	1,000	0	0.0%
地代家賃	12,000	12,000	0	0.0%
会議費	2,000	2,000	0	0.0%
貸倒引当金繰入	1,000	1,000	0	0.0%
合　計	(223,000)	(232,000)	△9,000	△3.9%

☞ 給料手当が減って退職金が計上されているのは、一部の社員が退職したことを示す。

☞ 旅費交通費が増えているのは積極的な営業活動を行ったことを示す。

決算書のツボ2

売上高を100としたとき各利益率はどのくらいになるか

損益計算書

（単位：千円）

売上高	770,000
売上総利益	274,000
営業利益	51,000
経常利益	48,000

1. 売上総利益率（粗利益率）

$$\frac{\text{売上総利益}}{\text{売上高}}\times 100 = 35.6\%$$

業種別平均値	
小売業	30.1%
製造業	21.4%
情報通信業	47.3%

2. 売上高営業利益率（営業利益率）

$$\frac{\text{営業利益}}{\text{売上高}}\times 100 = 6.6\%$$

業種別平均値	
小売業	1.2%
製造業	3.8%
情報通信業	6.4%

3. 売上高経常利益率（経常利益率）

$$\frac{\text{経常利益}}{\text{売上高}}\times 100 = 6.2\%$$

業種別平均値	
小売業	2.2%
製造業	5.1%
情報通信業	7.8%

第 3 章

【貸借対照表編】

貸借対照表で会社の財政状況がわかる

B/S

⑰ 貸借対照表は苦手というけれど……
⑱ 貸借対照表を「自分の家計」でつくってみよう
⑲ 貸借対照表はどんな構成になっているか
⑳「資産の部」を詳しくみてみよう①
㉑「資産の部」を詳しくみてみよう②
㉒「負債の部」を詳しくみてみよう
㉓「純資産の部」を詳しくみてみよう
㉔ 貸借対照表も「比率」で理解を深めよう
㉕ 貸借対照表を前期のものと比較してみよう①
㉖ 貸借対照表を前期のものと比較してみよう②
㉗「粉飾決算」によるひずみは貸借対照表にあらわれる
㉘ 損益計算書と貸借対照表を比較してみよう

17

貸借対照表は苦手というけれど……

貸借対照表をみれば、会社の財政状況、安全性、設立以来のトータルの歴史（数字）がわかる

損益計算書だけでは足りない点を補ってくれる貸借対照表

貸借対照表とは、何をあらわしたものなのでしょうか。

いろいろな人と決算書の話をすると、「損益計算書はわかるのですが、貸借対照表はどうも苦手です」ということをよく聞きます。

損益計算書で、会社がどれだけ儲かっているのか、その原因はどこにあるのか、あるいは前期と比べてどうなのかがわかります。

「会社が儲かっていればいいじゃないか」「損をしていても、その原因がわかって立て直すことができればいいじゃないか」ということで、損益計算書だけをみれば会社の内容がわかると思いがちです。しかし、損益計算書には、「その決算の1期分の業績しかわからない」という問題があります。

損益計算書には、「自　20××年4月1日」「至　20××年3月31日」と

貸借対照表とは？

決算書は損益計算書をみるだけではダメなのか

貸借対照表で

◎ 会社の設立以来の歴史、いままでトータルで儲けたか、損したかがわかる。

◎ 会社の財政状況がわかる。

◎ 会社の安全性がわかる。

◎ 「粉飾決算」も見つけやすい。

書いてありますね。これは、20××年の4月1日から、翌年の3月31日までの1年間の決算期間についての損益を記しているという意味です。貸借対照表には「20××年3月31日現在」と書いてあります。これは、「決算日における会社の財政状況を記している」という意味です。

資金の出どころもわかる

ここで、ちょっとプライベートな場面を考えてみてください。みなさんが、結婚相手を選ぶ（選ばれる）ときのことです。

最初は愛情から始まっても、いざ結婚となると、相手の経済力は大いに気になりますね。「年収はどのくらいかな」「貯金はいくらあるのかな。マンションや車をもっていればラッ

会社の「安全性」とは？

安全性とは、その会社が潰れづらいということ。
それをみる一番の指標は「自己資本比率」です。
収入からコツコツ貯蓄していけば、
自己資本（純資産の部）は自然と大きくなります。
これは、会社も個人も同じですね。

キー」「でも、住宅ローンの残高はどれくらいかしら」、現実的な問題ですね。

決算書に置き換えると、年収は損益計算書の「売上高」、預貯金や車、マンションは、貸借対照表の「資産の部」となります。

これらの資産の出どころは、自分の給料から貯めたか（「純資産の部」の「利益剰余金」）、親からの援助か（同「資本金」）、金融機関からのローンか（「負債の部」の「借入金」）のいずれかでしょう。

年収はたとえ少なくても、資産がたくさんあれば堅実で頼りになる、つまり安定性が高いことになるでしょう。逆に年収が多くても、クレジットカードの毎月の支払残高がかなりあると、今後の家計の安定性に問題あり、となりますね。人生の大きな決断のときには、相手を知らず知らずのうちに、損益計算書的のみならず、貸借対照表的にも分析しているようです。

同じように、自分の会社や取引先をチェックするときに、損益計算書だけでなく、貸借対照表もみることは、たいへん重要なことなのです。

これは金融機関が、みなさんの会社にお金を貸すときにも、重視していることです。たまたま今期は利益が出ても、これまでの累計の利益があまりない会社には、金利を高めにして貸し付けることがよくあります。

貸借対照表をみてみよう

貸借対照表

２０××年３月31日現在

資産の部		負債の部	
科　目	金　額	科　目	金　額
	千円		千円
【流動資産】	(435,000)	【流動負債】	(189,000)
現金及び預金	142,000	支払手形	80,000
受取手形	150,000	買掛金	40,000
売掛金	100,000	短期借入金	45,000
商品	45,000	未払法人税等	10,000
立替金	1,000	未払消費税等	4,000
貸倒引当金	△3,000	預り金	5,000
【固定資産】	(185,000)	賞与引当金	5,000
(有形固定資産)	(143,000)	【固定負債】	(141,000)
建物	50,000	長期借入金	140,000
建物付属設備	14,000	退職給付引当金	1,000
機械装置	10,000	負債の部合計	330,000
車両運搬具	20,000	純資産の部	
工具器具備品	14,000		
土地	35,000	【株主資本】	(290,000)
(無形固定資産)	(4,000)	資本金	50,000
電話加入権	2,000	利益剰余金	(240,000)
ソフトウェア	2,000	利益準備金	10,000
(投資その他の資産)	(38,000)	その他利益剰余金	(230,000)
投資有価証券	3,000	繰越利益剰余金	230,000
保険積立金	35,000		
		純資産の部合計	290,000
資産の部合計	620,000	負債及び純資産の部合計	620,000

18

貸借対照表を「自分の家計」でつくってみよう

左側の「資産の部」と右上の「負債の部」の差額が、右下の「純資産の部」となる

純資産が大きいと会社も家計も安定する

まず手始めに、自分の家計で貸借対照表をつくってみましょう。

家計で資産になっているもの、負債になっているものをあげてみましょう。資産には、預貯金、マイホームや車、家電製品・家具などの家財やパソコン、あるいは株式や投資信託などがあるでしょう。金額をそれぞれに入れて、資産の部合計を計算します。

一方、負債には、カードで買い物をした未払金の額、あるいはマイホームを住宅ローンで購入している場合には、その残額があるでしょう。

通常、左の資産と右の負債を計算すると、左の資産のほうが多いのではないでしょうか。左側の「資産の部」と右上の「負債の部」の差額が、右下の「純資産の部」ということになります。個人は会社ではありませんので、資本金は

○○さん宅の貸借対照表

貸借対照表

20××年12月31日現在

資産の部		負債の部	
科目	金額	科目	金額
	千円		千円
【流動資産】	(18,500)	【流動負債】	(280)
現金及び預金	18,500	カード未払金	280
【固定資産】	(38,280)	【固定負債】	(20,000)
(有形固定資産)	(37,780)	住宅ローン	20,000
マイホーム	35,000	負債の部合計	20,280
自動車	1,000	純資産の部	
家財一式	1,500		
パソコン	280	【元入金】	36,500
(投資その他の資産)	(500)		
株式・投資信託	500	純資産の部合計	**36,500**
資産の部合計	56,780	負債及び純資産の部合計	56,780

☞ 会社ではないので、資本金ではなく「元入金」とする。

純資産の部が大きいので、家計は安定

家計も年に一度決算を組むのがオススメ
家計の貸借対照表も年に一度はつくって、
２期、３期と比較すると傾向がわかります。
マイホームをほとんど頭金なしで買うと、
住宅ローンの割合が大きく、家計はきびしくなります。

ありません。「元入金（もといれきん）」という科目になります。

前ページのように純資産の部が大きな家庭は、仮に今年や来年の収入が少なくなり、一時的に赤字になったとしても、しばらくの間は十分にやっていけるでしょう。会社でいうと、財政面で安定している状態です。加えて、不動産に含み益でもあれば、金融機関はぜひともお金を貸したくなります。

資産より負債が多い「債務超過」の状態

一方で左ページのように、資産に比べて負債が多い、つまり「債務超過」の場合を考えてみましょう。今年の収入がたまたま多くて黒字でも、当面の資金繰りはきびしくなります。会社でいうと、破たんの可能性さえあり、金融機関がお金を貸したくない状態です。こういったケースは、毎年の収入からコツコツお金を貯めていく（「利益剰余金」）か、親からの援助で一気に家計体質を改善する（「増資」）などの方法で債務超過を解消することが必要です。

このように考えてみると、損益計算書によって、1年で利益が上がっているかどうかをみることも大切ですが、貸借対照表によって、期末の財政状態をみることはそれ以上に重要だ、ということがおわかりいただけるでしょう。

××さん宅の貸借対照表

貸借対照表

20××年12月31日現在

資産の部		負債の部	
科　目	金　額	科　目	金　額
	千円		千円
【流動資産】	(500)	【流動負債】	(3,600)
現金及び預金	500	カード未払金	3,600
【固定資産】	(45,100)	【固定負債】	(43,000)
(有形固定資産)	(45,100)	住宅ローン	43,000
マイホーム	45,000	負債の部合計	46,600
自動車	0	純資産の部	
家財一式	100		
パソコン	0	【元入金】	△ 1,000
(投資その他の資産)	(0)		
株式・投資信託	0	純資産の部合計	**△ 1,000**
資産の部合計	45,600	負債及び純資産の部合計	45,600

マイナス、つまり債務超過となっている。

純資産の部がマイナスで、当面、家計はきびしい

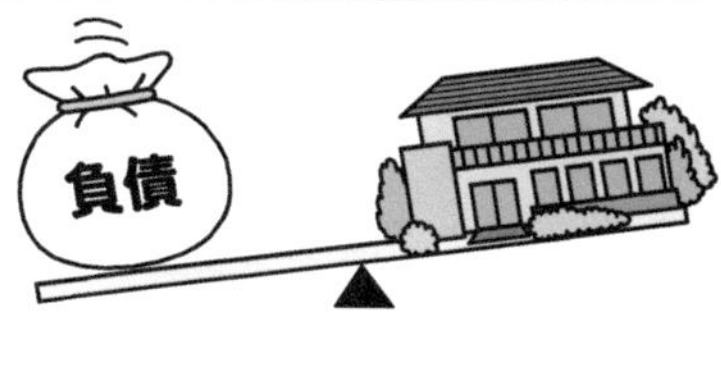

19

貸借対照表はどんな構成になっているか

貸借対照表は「資産の部」「負債の部」「純資産の部」の3つに分かれる

左右の合計額が同じだから〝バランスシート〟

さて今度は、会社の貸借対照表をみてみましょう。

左側は資産の部、右側が負債の部と純資産の部の3部構成になっています。左側の資産の部合計と、右側の負債及び純資産の部の合計は、ぴったり同じ金額になるので、貸借対照表のことを、英語で「バランスシート（B／S）」といいます。左右が同じ金額でバランス（均衡）しているという意味です。

左側が、会社が所有している資産です。お金がどのように使われて、どのような資産になっているかがわかります。これをむずかしい言葉で「資金の運用形態」といいます。右側は、その資金の出どころになります。どのようにお金を調達しているのか、ということで「資金の調達源泉」といいます。

この貸借対照表をみるときには、単に資産の合計額が大きいからよい会社と

貸借対照表をみてみよう

貸借対照表

20××年３月31日現在

資産の部		負債の部	
科　目	金　額	科　目	金　額
	千円		千円
【流動資産】	(435,000)	【流動負債】	(189,000)
現金及び預金	142,000	支払手形	80,000
受取手形	150,000	買掛金	40,000
売掛金	100,000	短期借入金	45,000
商品	45,000	未払法人税等	10,000
立替金	1,000	未払消費税等	4,000
貸倒引当金	△3,000	預り金	5,000
【固定資産】	(185,000)	賞与引当金	5,000
(有形固定資産)	(143,000)	【固定負債】	(141,000)
建物	50,000	長期借入金	140,000
建物付属設備	14,000	退職給付引当金	1,000
機械装置	10,000	負債の部合計	330,000
車両運搬具	20,000	純資産の部	
工具器具備品	14,000		
土地	35,000	【株主資本】	(290,000)
(無形固定資産)	(4,000)	資本金	50,000
電話加入権	2,000	利益剰余金	(240,000)
ソフトウェア	2,000	利益準備金	10,000
(投資その他の資産)	(38,000)	その他利益剰余金	(230,000)
投資有価証券	3,000	繰越利益剰余金	230,000
保険積立金	35,000		
		純資産の部合計	290,000
資産の部合計	620,000	負債及び純資産の部合計	620,000

資金の運用形態

☞ お金がどのように使われて、どのような資産になっているか。

資金の調達源泉

☞ 資金の出どころ、どのようにお金を調達しているか。

左右の合計額はバランス（同額）している

グラフは右側のバランスがポイント

グラフで「負債の部」と「純資産の部」の
上下のバランスをみてみましょう。
「純資産の部」が半分以上を占めていれば、
十分によい会社といえます。

は限りません。むしろ、少ない資産で大きな売上げを上げている会社のほうが効率がいいといえるでしょう。また、右側の負債と純資産を比べると、純資産のほうが負債より大きい会社が、よい会社ということになります。負債は、借入金などいずれ返済する必要があるものだからです。

貸借対照表の内容は?

資産の部は「流動資産」「固定資産」「繰延資産」（98ページ参照）の3つに分かれます。負債の部は「流動負債」「固定負債」に分かれ、その下が純資産の部となっています（102ページ参照）。

純資産の部には、ふだん聞きなれない言葉が並んでいます。「資本金」は、会社を設立したときに株主が出資したお金です。また、途中で増資した場合には、その増資した金額も資本金に加算されます。つぎの「利益剰余金」は「利益準備金」と「その他利益剰余金」とに分かれます（106ページ参照）。

利益剰余金は、会社がいままでに儲けた利益から法人税などの税金を引いた残り、つまり損益計算書の「当期純利益」の累計額となっています。この利益剰余金が大きいほど、過去の利益の蓄積が大きく、よい会社といえます。

百万円単位のグラフにすると、イメージがつかみやすい

（単位：百万円）

資産の部		負債及び純資産の部		
現金及び預金	142	支払手形	80	負債の部
受取手形	150	買掛金	40	負債の部
売掛金	100	短期借入金	45	負債の部
商品	45	その他流動負債	24	負債の部
建物	50	長期借入金等	141	負債の部
その他固定資産	93	資本金	50	純資産の部
その他	40	利益剰余金	240	純資産の部

20

「資産の部」を詳しくみてみよう①

資産の部は、会社の資金の運用形態、つまり「資金の使いみち」を一覧にしたもの

流動資産とは1年以内に現金化できる資産のこと

それでは、「資産の部」を詳しくみてみましょう。資産の部は、会社の資金の運用形態、つまり資金の使いみちを一覧にしたものです。そのなかで流動性が高い、つまり近いうちにお金になるものを集めたのが、「流動資産」です。

「流動資産」と「固定資産」の区分は、1年以内に現金化できるか否かです。

流動資産のなかは、現金化の流れの順に下から上へと並んでいます。「商品」を掛けで売って「売掛金」になり、手形で回収されると「受取手形」になります。さらに、手形の期日になると「現金及び預金」になる……というふうに並んでいます。

各科目の残高は、決算期末時点の残高になります。

また、「受取手形」については、印紙税の負担が生じる点、送付や管理の手

資産の部をみてみよう

貸借対照表

資産の部	
科　目	金　額
	千円
【流動資産】	(435,000)
現金及び預金	142,000
受取手形	150,000
売掛金	100,000
商品	45,000
立替金	1,000
貸倒引当金	△ 3,000
【固定資産】	(185,000)
(有形固定資産)	(143,000)
建物	50,000
建物付属設備	14,000
機械装置	10,000
車両運搬具	20,000
工具器具備品	14,000
土地	35,000
(無形固定資産)	(4,000)
電話加入権	2,000
ソフトウェア	2,000
(投資その他の資産)	(38,000)
投資有価証券	3,000
保険積立金	35,000
資産の部合計	620,000

資金の運用形態がわかる

現金化の流れ（現金及び預金～商品）

1年以内に現金化（流動資産）

1年を超えて売上げに貢献（固定資産）

建物付属設備への区分

建物全体のうち、電気設備、空調設備などの部分は、
建物付属設備として区分経理すれば（左ページ参照）、
耐用年数が建物より短く償却できるため、
当初に費用が多く計上でき、節税になります。

間がかかる点などのデメリットがあるため、電子データでやり取りをする「電子記録債権」に置き換えるケースが増えています。その場合は、科目もそのまま「電子記録債権」で決算書に記載されます。

流動資産のうち「貸倒引当金」だけ△印がついています。これは会社の売上債権、つまり受取手形と売掛金について、将来の貸倒れ（取引先の倒産などにより債権が回収できなくなること）にそなえて、見込みで計上できる引当金をマイナス表示したものです。

固定資産の内容は3つに分かれている

つぎの「固定資産」は、形がある「有形固定資産」、形がない「無形固定資産」、有価証券などの「投資その他の資産」に分かれます。まずは有形固定資産からみていきましょう。

「建物」は、会社所有の建物のことです。「建物付属設備」は、建物に付属する電気設備、ガス設備、給排水設備、空調設備などのことです。「機械装置」は、会社の工場などにある機械のことです。「車両運搬具」は、自動車のことで、フォークリフトなどの特殊車両も含みます。「工具器具備品」は、パソコン、

固定資産については、税務申告書に内訳表を添付する

固定資産減価償却内訳表

自　20××年４月１日
至　20××年３月31日

（単位：円）

物件名称	数量	取得年月	償却方法	耐用年数	償却率	期間	取得価額	期首帳簿価額	当期増減額	当期償却額	期末帳簿価額	償却累計額
【建物】												
本社建物	1	20××.03	定額法	50	.020	12	126,000,000	114,660,000		2,520,000	112,140,000	13,860,000
※建物計							126,000,000	114,660,000		2,520,000	112,140,000	13,860,000
【建物付属設備】												
電気設備	1	20××.03	定額法	15	.067	12	22,000,000	15,367,000		1,474,000	13,893,000	8,107,000
給排水設備	1	20××.03	定額法	15	.067	12	12,000,000	8,382,000		804,000	7,578,000	4,422,000
空調設備	1	20××.03	定額法	15	.067	12	20,000,000	13,970,000		1,340,000	12,630,000	7,370,000
※建物付属設備計							54,000,000	37,719,000		3,618,000	34,101,000	19,899,000
【車両運搬具】												
○○○ライトバン	1	20××.09	定率法	6	.333	12	2,000,000	1,074,871		357,932	716,939	1,283,061
○○○ 4WD	1	20××.11	定率法	6	.333	12	3,200,000	2,756,000		917,748	1,838,252	1,361,748
○○○フォークリフト	1	20××.12	定率法	4	.500	12	3,000,000	2,500,000		1,250,000	1,250,000	1,750,000

コピー機などで、「土地」は、土地やマンションの敷地部分のことです。

これらは、購入時の金額からいままでの減価償却費の合計額を差し引いた残額が、貸借対照表に載っている金額です（購入時の金額と減価償却費の累計額を両建て表示する方法もあります）。

ちなみに土地は、価値が下がらないとされているため、減価償却はできません。

21

「資産の部」を詳しくみてみよう②

「無形固定資産」「投資その他の資産」「繰延資産」の中身とは？

ソフトウェアは5年間で償却できる

つぎに「無形固定資産」をみていきましょう（85ページ参照）。

「電話加入権」は、電話回線を引く際に支払った負担金のことです。いまは価値はほとんどありませんが、ゼロにすることはできません。「ソフトウェア」は、パソコンのソフトのことです。原則として5年間を月割りで減価償却することになっています。

固定資産の一番下は、「投資その他の資産」です。「投資有価証券」は、会社が長期で保有している株や債券のことです。「保険積立金」は、積立型の生命保険や損害保険の積み立てられた金額です。そのほか、「保証金」という科目で、家賃の保証金などを計上することもあります。

固定資産の下に、「繰延資産」が記載されている決算書もあります。繰延資

ソフトウェアの減価償却について

・パソコンなどに使うソフトウェアは、「無形固定資産」となります。
・ソフトウェアは、形はありませんが資産の一種です。

1本20万円以上のものは？

→原則5年の月割りで、減価償却します。

（事例）20××年1月に、30万円のソフトウェアを購入、
同年3月の決算で減価償却費を計算

$$30万円 \times \frac{3カ月}{60カ月（5年）} = \underline{\underline{1万5000円}}$$

→1万5000円が減価償却費として費用になります。

1本10万円以上20万円未満のものは？

→3年間で、均等に減価償却します。

（事例）20××年1月に、12万円のソフトウェアを購入、
同年3月の決算で減価償却費を計算

$$12万円 \times \frac{1年}{3年} = \underline{\underline{4万円}}$$

→4万円が減価償却費として費用になります。

1本10万円未満のものは？

→全額、費用とすることができます。

中小企業者（資本金1億円以下の会社等）の場合は、2024年3月末までは有形固定資産、無形固定資産のいずれも、1点30万円未満のものは全額費用とすることができます（その決算期での合計額が300万円まで）。

ホームページの製作費用

ホームページの製作費用は、
原則として広告宣伝費として「費用」になります。
ただし、プログラム作成部分が10万円以上(※)の場合、
その部分は、資産計上(ソフトウェア)となります。
(41ページ参照)
(※中小企業の場合は30万円以上)

産とは、本来は費用ですが、その効果が1年以上に及ぶので、便宜上、資産に計上します。事務所や倉庫を借りるときの「礼金」や「更新料」が代表的なものです。契約期間で月割りにして費用にします。ただし、20万円未満のものは一括で費用にできるため、結果的に繰延資産の記載がまったくない決算書もあります。

そのほか、繰延資産には会社設立時の「開業費」や、新規事業を始めるための「開発費」などもあります。これらは資産に計上したのちに、「任意償却」といって、好きな決算期に、好きなだけ費用にすることができます。

会社法の規定により「個別注記表」の作成も必要

決算書に記載された事項を補足するものとして「注記」があります。会社が所有する資産の評価基準や、会計方針の変更などをあらわしたものです。

上場会社の場合は、もともと厳密に記載されていましたが、中小企業の場合、会社法の施行前は、一部のみが記載されている決算書や、ほとんど記載されていないものが多くありました。いまは会社法の規定により、中小企業も含めて「個別注記表」として、別に一覧表を作成することが必要です。

個別注記表の例

1．この計算書類は、中小企業の会計に関する指針によって作成しています。

2．重要な会計方針

(1) 資産の評価基準及び評価方法

① 有価証券の評価基準及び評価方法

ア．時価のあるもの

期末日の市場価格等に基づく時価法を採用し、売却原価は移動平均法により算定しています。

イ．時価のないもの

移動平均法による原価法を採用しています。

② 棚卸資産の評価基準及び評価方法

最終仕入原価法を採用しています。

③ 固定資産の減価償却の方法

ア．有形固定資産

定率法を採用しています。

ただし、1998年4月1日以降に取得した建物（付属設備を除く）については、定額法を採用しています。

イ．無形固定資産

定額法を採用しています。

⋮

決算書（貸借対照表、損益計算書、株主資本等変動計算書など）に記載された事項を補足するもの（注記）の一覧表。

会社法の規定により、中小企業も含めて個別注記表の作成義務が課されています。

22

「負債の部」を詳しくみてみよう

「負債の部」は、期限が1年以内の「流動負債」と、期限が1年を超える「固定負債」に分かれる

「負債の部」は外部から調達した資本

今度は貸借対照表の右側のうち、上にある「負債の部」をみてみましょう。負債の部は、「他人資本」とも呼ばれます。仕入先（支払手形、買掛金）、金融機関（借入金）など〝他人〟から調達した資本をあらわしているからです。

負債の部は、「流動負債」と「固定負債」に分かれます。流動負債と固定負債の区分は、資産と同じように1年以内に期限がくるか否かで判断します。

「支払手形」は、自社振出の手形のうち、決済されていない残高です。電子データでやり取りした場合は、「電子記録債務」という科目になります。

「買掛金」は、掛けで仕入れた商品についてこれから支払う金額です。

「短期借入金」は、会社が借り入れた借入金のうち、1年以内に返済期日が到来するものです。

負債の部をみてみよう

20××年3月31日現在

科目	金額
負債の部	
	千円
【流動負債】	(189,000)
支払手形	80,000
買掛金	40,000
短期借入金	45,000
未払法人税等	10,000
未払消費税等	4,000
預り金	5,000
賞与引当金	5,000
【固定負債】	(141,000)
長期借入金	140,000
退職給付引当金	1,000
負債の部合計	330,000
純資産の部	
【株主資本】	(290,000)
資本金	50,000
利益剰余金	(240,000)
利益準備金	10,000
その他利益剰余金	(230,000)
繰越利益剰余金	230,000
純資産の部合計	290,000
負債及び純資産の部合計	620,000

資金の調達源泉がわかる

他人資本（負債の部）

自己資本（純資産の部）

貸倒引当金の計算方法

貸倒引当金は、過去の貸倒額にもとづき計算します。
ただし、資本金1億円以下の会社は、
受取手形、売掛金などの期末債権額に対して、
法定繰入率（卸売業および小売業10/1000、
製造業8/1000など）による計算が可能です。

「預り金」は、社員の給料を払う際に、源泉所得税、社会保険料、住民税など預かっている金額です。

「未払金」は、仕入れ以外の一般の経費のうち、未払いのものです。

法人税や消費税などの税金は、原則として決算から2カ月以内に納めることになっています。3月決算であれば、5月末までに納めます。法人税、法人住民税、法人事業税の未払分が「未払法人税等」です。消費税（および地方消費税）の未払分が「未払消費税等」です。

「賞与引当金」と「退職給付引当金」とは何か

「賞与引当金」とは、会社が支払う賞与の決算時における未払期間分の金額です。たとえば、3月決算の会社が、12月から5月までの期間の賞与を7月に支払う場合、12月から3月までの期間分を、引当金で計上することがあります。

「退職給付引当金」は、社員の将来の退職金の見積額です。社員の自己都合退職による退職金の要支給額を計上するなどの方法で計算します。

固定負債のうち、「長期借入金」は、返済期日が1年を超えて到来する借入金です。通常、証書借入の場合はこちらに該当します。

賞与引当金とは？

賞与引当金とは？ 翌期に社員に対して支払う賞与（見積額）のうち、当期分の負担となる部分の金額を見積もり計上したもの。

● 賞与引当金の計算方法（例）

繰入額 ＝

$$\left(\text{前1年間の1人当たりの使用人等に対する賞与支給額} \times \frac{\text{当期の月数}}{12} - \text{当期において期末在職使用人等に支給した賞与の額で、当期に対応するものの1人当たりの賞与支払額} \right) \times \text{期末の在職使用人等の数}$$

法人税法上、「損金」とすることはできません。

退職給付引当金とは？

退職給付引当金とは? 将来の社員の退職金を見積もり計上したもの。積み増されるため、貸借対照表には累計額が計上される。

● 退職給付引当金の計算方法（例）

将来の退職金にかかる**期末自己都合要支給額**を計上する。

法人税法上、「損金」とすることはできません。

23

「純資産の部」を詳しくみてみよう

「純資産の部」は、「資本金」「資本剰余金」「利益剰余金」などに分かれる

準備金の積み立ては配当額の10分の1

貸借対照表の右側の下が「純資産の部」です。「資本金」は会社を設立するときに株主が出資した金額と、その後、増資をして増えた金額があれば、その合計額になります。「資本剰余金」は、時価発行で増資した際に、資本金に繰り入れない金額などです。資本金を振り替えたものといえます（中小企業ではあまり発生しないので、左ページの貸借対照表には入れていません）。

「利益剰余金」は、会社の設立以来の「当期純利益」の合計額です。過去に利益をコンスタントに稼いでいる会社は、この利益剰余金が大きな額になっています。利益剰余金のうちの「利益準備金」は、会社が配当を出したときに、積み立てたものです。資本準備金といずれかで配当額の10分の1を積み立て、合計して資本金の4分の1になるまで積み立てる必要があります。

自己資本比率を計算してみよう

20××年3月31日現在

科目	金額
負債の部	
	千円
【流動負債】	(189,000)
支払手形	80,000
買掛金	40,000
短期借入金	45,000
未払法人税等	10,000
未払消費税等	4,000
預り金	5,000
賞与引当金	5,000
【固定負債】	(141,000)
長期借入金	140,000
退職給付引当金	1,000
負債の部合計	330,000
純資産の部	
【株主資本】	(290,000)
資本金	50,000
利益剰余金	(240,000)
利益準備金	10,000
その他利益剰余金	(230,000)
繰越利益剰余金	230,000
純資産の部合計	Ⓐ **290,000**
負債及び純資産の部合計	Ⓑ **620,000**

自己資本 → Ⓐ
総資本 → Ⓑ

自己資本比率

$$\frac{Ⓐ\ 自己資本}{Ⓑ\ 総資本} \times 100 = \frac{290,000}{620,000} \times 100 = 46.8\%$$

※比率が高いほど経営は安定している

「利益剰余金」に注目しよう

貸借対照表のポイントは、純資産の部、
なかでも「利益剰余金」の大きさです。
利益剰余金÷社歴(設立からの年数)で、
過去の1年平均の当期純利益がわかります。

上場会社では、そのほか「その他の包括利益累計額」「非支配株主持分」といった特殊なものが計上されます。

自己資本比率は高いほどよい

負債の部と純資産の部を合計した金額を「総資本」ともいいます。これは貸借対照表の左側の「資産の部」の合計、つまり「総資産」と一致します。

純資産の部のことを「自己資本」ともいいますが、総資本に対して占める割合を「自己資本比率」といいます。金融機関が決算書で重視する指標の1つで、大きいほうが経営の安定した会社です。

自己資本比率を高めるためには、まずは会社が毎期利益を上げることです。損益計算書の「当期純利益」を計上することで、結果的に貸借対照表の「利益剰余金」が大きくなり、自己資本比率は高くなります。余裕資金ができれば、借入金の返済に回すことで総資本が小さくなり、さらに比率が高くなります。

資本金の金額を増やす「増資」も有効です。資金を会社に追加出資すれば、一瞬で自己資本比率は高くなりますが、実際には株主の資金負担がネックになり、中小企業ではほとんど適用されていません。

自己資本比率を高めるには？

仮に自己資本（純資産の部）3、他人資本（負債の部）2、総資本5とすると、

自己資本比率は $\frac{3}{5} \times 100 = 60\%$

自己資本比率を上げるには？

方法❶ 分子（自己資本）を大きくする

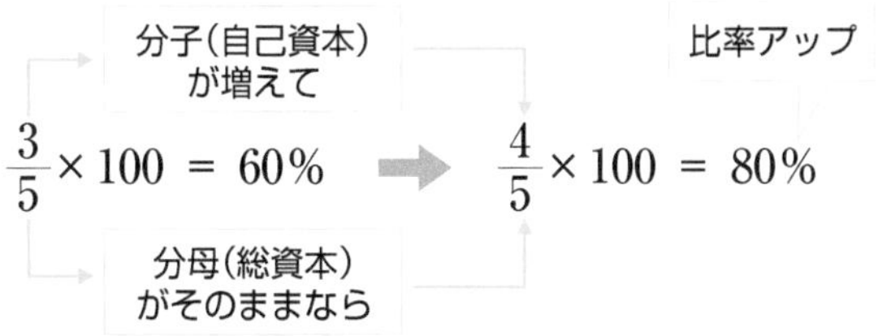

分子（自己資本）が増えて

$\frac{3}{5} \times 100 = 60\%$ ➡ $\frac{4}{5} \times 100 = 80\%$　比率アップ

分母（総資本）がそのままなら

●「利益剰余金」を大きくする

・とにかく会社が利益を上げる。

・むやみに「節税」に走らない。

※お金を使い税金を安くする節税では、利益剰余金は大きくならない。

●増資をする

・増資とは、株主が資本金を追加で出資すること。

方法❷ 分母（総資本）を小さくする

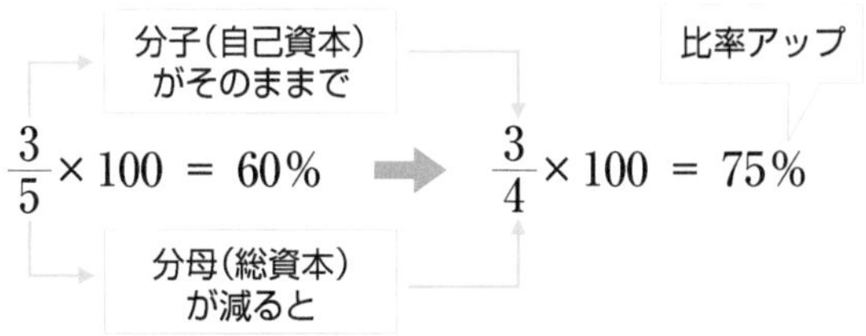

分子（自己資本）がそのままで

$\frac{3}{5} \times 100 = 60\%$ ➡ $\frac{3}{4} \times 100 = 75\%$　比率アップ

分母（総資本）が減ると

●流動資産を少なくする

・受取手形、売掛金、在庫（商品）を少なくすれば、総資本（資産の部）が減る。

●借入金を返済する

・借入金を返済すれば、他人資本（負債の部）が減る。

24

貸借対照表も「比率」で理解を深めよう

「流動比率」「当座比率」「固定比率」「固定長期適合率」から会社の安定度がわかる

流動比率と当座比率で会社の安定度がわかる

貸借対照表も、比率をみると理解が深まります。貸借対照表の左側と右側の各部分を比較してみましょう。

まず、左側のⒶ「流動資産」と右側のⒷ「流動負債」を比べたものが、「流動比率」です。いずれも1年以内に精算されますが、これらを比べて会社の支払能力をみます。分母を流動負債、分子を流動資産として、%で計算します。

流動資産が流動負債より大きければ、当面の支払いに不安がないということです。流動比率は最低でも100%、できれば200%以上が望ましいとされています。100%未満の会社は、支払能力に不安があります。

流動比率をもう少しきびしくしたのが「当座比率」です。当座比率は、流動資産から「商品」などの棚卸資産を差し引いて（Ⓐ）、流動負債と比較したも

流動比率と当座比率をみてみよう

20××年３月31日現在

	資産の部		負債の部		
	科　目	金　額	科　目	金　額	
		千円		千円	
	【流動資産】	(435,000)	【流動負債】	(189,000)	
	現金及び預金	142,000	支払手形	80,000	
	受取手形	150,000	買掛金	40,000	
	売掛金	100,000	短期借入金	45,000	
Ⓐ	商品	45,000	未払法人税等	10,000	Ⓑ
	立替金	1,000	未払消費税等	4,000	
	貸倒引当金	△ 3,000	預り金	5,000	
			賞与引当金	5,000	

流動比率

$$\frac{Ⓐ}{Ⓑ} \times 100 = \frac{435,000}{189,000} \times 100 = \mathbf{230.2\%}$$

※100%以上で、できれば200%以上あれば安全性が高い

20××年３月31日現在

	資産の部		負債の部		
	科　目	金　額	科　目	金　額	
		千円		千円	
	【流動資産】	(435,000)	【流動負債】	(189,000)	
	現金及び預金	142,000	支払手形	80,000	
Ⓐ′	受取手形	150,000	買掛金	40,000	
	売掛金	100,000	短期借入金	45,000	
	商品	45,000	未払法人税等	10,000	Ⓑ
	立替金	1,000	未払消費税等	4,000	
	貸倒引当金	△ 3,000	預り金	5,000	
			賞与引当金	5,000	

当座比率

$$\frac{Ⓐ'}{Ⓑ} \times 100 = \frac{392,000}{189,000} \times 100 = \mathbf{207.4\%}$$

※100%以上であれば安全性が高い

固定比率と固定長期適合率

それぞれの経営指標は、法律上の定義はありません。
たとえば、固定比率と固定長期適合率は、
分母と分子が逆の解説書もあります。
その場合は、100%を超えるほうがよしとなります。

のです。まだ売れていない棚卸資産を除くことにより、すぐに現金化できる資産のみをピックアップしたことになります。この当座比率が100%以上ならば、その会社の当面の支払能力に問題がないことになります。

固定比率と固定長期適合率は何%ぐらいがいいのか

つぎに、固定資産と比較する指標をみてみましょう。Ⓐ「固定資産」とⒷ「自己資本」（純資産の部）を比較したのが、「固定比率」です。分母が自己資本、分子が固定資産です。自己資本の範囲内で固定資産がまかなわれていれば、返済の必要がありませんので、財務上安定していることになります。この比率は、小さいほうが望ましく、できれば100%以下としたいところです。

そうはいっても機械などを購入する際、長期借入を行うことは、よくあることです。固定比率を補うものとして、「固定長期適合率」があります。これは、Ⓐ「固定資産」と「Ⓑ自己資本＋Ⓒ固定負債」を比較したものです。固定資産が、自己資本と固定負債でまかなわれているかがわかります。この比率は、80%以下が望ましく、100%を超える会社は、固定資産の購入が短期借入金も含めて行われているため、資金繰りが苦しくなります。

固定比率と固定長期適合率をみてみよう

貸借対照表

20××年3月31日現在

	資産の部		負債の部		
	科目	金額	科目	金額	
		千円		千円	
	【固定資産】	(185,000)	賞与引当金	5,000	
	(有形固定資産)	(143,000)	【固定負債】	(141,000)	
	建物	50,000	長期借入金	140,000	C
	建物付属設備	14,000	退職給付引当金	1,000	
	機械装置	10,000	負債の部合計	330,000	
	車両運搬具	20,000	純資産の部		
	工具器具備品	14,000			
A	土地	35,000	【株主資本】	(290,000)	
	(無形固定資産)	(4,000)	資本金	50,000	
	電話加入権	2,000	利益剰余金	(240,000)	
	ソフトウェア	2,000	利益準備金	10,000	B
	(投資その他の資産)	(38,000)	その他利益剰余金	(230,000)	
	投資有価証券	3,000	繰越利益剰余金	230,000	
	保険積立金	35,000			
			純資産の部合計	290,000	
	資産の部合計	620,000	負債及び純資産の部合計	620,000	

固定比率

$$\frac{\text{A}}{\text{B}}\times 100=\frac{185{,}000}{290{,}000}\times 100=63.8\%$$

※100%以下であれば安全性が高い

固定長期適合率

$$\frac{\text{A}}{\text{B}+\text{C}}\times 100=\frac{185{,}000}{431{,}000}\times 100=42.9\%$$

※80%以下であれば安全性が高い

25

貸借対照表を前期のものと比較してみよう①

貸借対照表も損益計算書と同じく、「前期と比較する」ことで会社の状況がより深くわかる

比較貸借対照表で何がわかるのか

貸借対照表についても、損益計算書と同じく、前期と比較することによって、会社の状況がより深く理解できます。当期と前期の貸借対照表を比較した左ページの表をご覧ください。この増減が大きいところを中心にみると、前期との差がよくわかります。

まず流動資産からみてみましょう。大きく変化があるところは、「現金及び預金」「受取手形」「売掛金」「商品」の4つです。

現金及び預金は、2100万円減っています。前期と比べて資金繰りは悪くなっています。お金が何に使われたことによって減ったのか、そのほかの科目の増減を順に確認していきましょう。

まず、受取手形と売掛金ですが、あわせて1100万円減っています。一方、

前期の資産の部と比較してみよう ①

比較貸借対照表

20××年3月31日現在

資産の部				
科目	当期	前期	増減	増減率
	千円	千円	千円	
【流動資産】				
現金及び預金	142,000	163,000	**△21,000**	**△12.9%**
受取手形	150,000	155,000	**△5,000**	**△3.2%**
売掛金	100,000	106,000	**△6,000**	**△5.7%**
商品	45,000	39,000	**6,000**	**15.4%**
立替金	1,000	1,000	0	0.0%
貸倒引当金	△3,000	△2,000	△1,000	100.0%
【固定資産】				
(有形固定資産)				
建物	50,000	51,000	△1,000	△2.0%
建物付属設備	14,000	15,000	△1,000	△6.7%
機械装置	10,000	10,000	0	0.0%
車両運搬具	20,000	20,000	0	0.0%
工具器具備品	14,000	16,000	△2,000	△12.5%
土地	35,000	35,000	0	0.0%
(無形固定資産)				
電話加入権	2,000	2,000	0	0.0%
ソフトウェア	2,000	3,000	△1,000	△33.3%
(投資その他の資産)				
投資有価証券	3,000	3,000	0	0.0%
保険積立金	35,000	29,000	**6,000**	**20.7%**
資産の部合計	620,000	646,000	△26,000	△4.0%

比較損益計算書

自　20××年4月1日
至　20××年3月31日

科目	当期	前期	増減	増減率
	千円	千円	千円	
【売上高】				
売上高	770,000	800,000	**△30,000**	**△3.8%**

同業種の平均データ
決算書に関する同業種の平均データとして、以下のものがあります。
・中小企業実態基本調査(中小企業庁ホームページ)

商品つまり棚卸資産が600万円増えています。

期待の商品が売れなかったことがわかる

比較損益計算書で、売上高をみてみましょう。売上高は前期と比べると300万円、3・8%減っています。売上高の減少に応じて、受取手形や売掛金も減っていますが、一方で商品は増えています。本来は、売上高の減少に比例して減るはずです。おそらく、売上げを見込んでいた分が残ってしまったのでしょう。商品などの在庫が増えると、その分、現金及び預金が減ります。資金繰りの悪化の一因は、在庫が増えたことにあります。

有形固定資産と無形固定資産をあわせた減少は500万円ですが、一方で、当期の減価償却費は1500万円(79ページ参照)となっています。本来、減価償却分は固定資産が減少するはずですが、500万円しか減少していないということは、差額の1000万円は固定資産を購入したものと推定できます。

また、保険積立金が600万円多く積み立てられています。会社が加入する積立タイプの生命保険で代表的なものは、養老保険です。一定の要件のもとで保険料の半額が費用、半額が積立金となります。

前期の資産の部と比較してみよう ②

現金及び預金	残高が減っている。
受取手形 売掛金	売上高の減少にともなって、いずれも減っている。
商品	増えている。 つまり、在庫が多くなった。

ここからわかること

- 売上げが減少しており、売上債権（受取手形や売掛金）の残高も減少している。
- 商品が増えており、それが資金繰り悪化の一因となっている。

今後の対応策

- 商品が不良在庫にならないように、商品ごとに適正数量を把握する（多めに仕入れて今後の値上がりにそなえるような特別なケースを除いて、在庫が必要以上に多くてよい理由はない）。
- 資金繰りがきびしくなったときは、保険を一部解約することも考える。

26

貸借対照表を前期のものと比較してみよう②

負債の部を前期と比較してみると、売上げや借入金の増減など会社の資金繰り状況がわかる

仕入債務と売上債権の増減の傾向が一致しているか

つぎに負債の部をみてみましょう。仕入債務（支払手形や買掛金）は、先ほどの売上債権（受取手形や売掛金）と同じような傾向があるでしょうか。

左ページの会社の場合、支払手形の残高は２２００万円減っていますが、買掛金の残高は９００万円増えています。

支払手形の減少は、売上げ減少の影響もあるでしょうが、買掛金の増加は、決算期末ぎりぎりで仕入れた商品が多いことによるのでしょう。結果的に、在庫が増えたこと（116ページ参照）につながります。支払手形と買掛金をあわせると１３００万円減っています。これは受取手形、売掛金の減少額１１００万円（114ページ参照）とほぼ同じです。

続いて、借入金の増減をみてみましょう。短期借入金は１８００万円、長期

前期の負債の部と比較してみよう

比較貸借対照表

20××年３月31日現在

負債の部				
科　　目	当　期	前　期	増　減	増減率
	千円	千円	千円	
【流動負債】				
支払手形	80,000	102,000	**△22,000**	**△21.6%**
買掛金	40,000	31,000	**9,000**	**29.0%**
短期借入金	45,000	63,000	**△18,000**	**△28.6%**
未払法人税等	10,000	9,000	1,000	11.1%
未払消費税等	4,000	4,000	0	0.0%
預り金	5,000	5,000	0	0.0%
賞与引当金	5,000	7,000	**△2,000**	**△28.6%**
【固定負債】				
長期借入金	140,000	159,500	**△19,500**	**△12.2%**
退職給付引当金	1,000	3,000	**△2,000**	**△66.7%**
負債の部合計	330,000	383,500	**△53,500**	**△14.0%**
純資産の部				
【株主資本】				
資本金	50,000	50,000	0	0.0%
利益剰余金				
利益準備金	10,000	9,500	500	5.3%
その他利益剰余金				
繰越利益剰余金	230,000	203,000	27,000	13.3%
純資産の部合計	290,000	262,500	27,500	10.5%
負債及び純資産の部合計	620,000	646,000	△26,000	△4.0%

利益がそのまま現預金に残らないときは、
その原因を知ることが大切です。
①売掛金、棚卸資産の増加→要注意
②固定資産の購入→経営に貢献すればよい
③借入金の返済→無理のない返済ならよい

借入金は1950万円、合計で3750万円も返済が進んでいます。

貸借対照表の増減は、お金の増減ととらえることができます。ここまでをまとめると、在庫の増加（600万円）、固定資産の購入（1000万円）、保険の積み立て（600万円）、借入金の返済（3750万円）、売掛金や買掛金の債権債務（200万円）も加えて、合計で6150万円のお金の減少です。

次に、お金の原資を考えてみましょう。まず、法人税等を控除したあとの「当期純利益」を原資と考えますが、さらに、「減価償却費」はお金が出ない費用のため、これを加算します。実際に計算をすると、3250万円（77ページ参照）と1500万円（79ページ参照）の合計4750万円となります。

純資産の部で株主資本の増減がわかる

今度は「純資産の部」をみてみましょう。

当期純利益の3250万円が本来は純資産の部の増加になるはずですが、配当を500万円支払っているため、2750万円の増加にとどまります。

配当の支払いにより、10分の1の利益積立金50万円を積み立てています。

左の表でお金の原資と使途をまとめました。ざっくりと流れがわかります。

比較貸借対照表のお金の原資と使途をまとめてみよう

貸借対照表の２期を比較をすれば、
ざっくりとお金（キャッシュ）の流れ（フロー）がわかります。

（単位：千円）

項目	金額	小計	活動区分
Ⅰお金の原資			
当期純利益	32,500		
減価償却費	15,000		
小　　計	47,500		【営業活動】(注3) 39,500
Ⅱお金の使途(増減)			
在庫の増加	△ 6,000		
受取手形・売掛金の減少	11,000	△ 8,000	
支払手形・買掛金の減少	△ 13,000		
固定資産の購入(注1)	△ 10,000	△ 16,000	【投資活動】(注3)
保険の積立	△ 6,000		
借入金の返済	△ 37,500	△ 42,500	【財務活動】(注3)
配当の支払い	△ 5,000		
小　　計	△ 66,500		
その他調整項目(注2)	△ 2,000		
Ⅲお金の増減額	△ 21,000		
Ⅳお金の期首残高	163,000		
Ⅴお金の期末残高	142,000		

（注１）損益計算書に固定資産売却益（300万円）と固定資産除却損（100万円）があるため、それらを考慮する必要がありますが、ここでは説明を簡易にするため、1,000万円を固定資産の購入に充てたものとして計算しています。

（注２）実際のお金の増減額との調整のために計上しています。

（注３）キャッシュフロー計算書（P145参照）の項目をあらわしています。

※上記の表はキャッシュフロー計算書の簡易版となっている。
金額は正式なものと一部異なるので、正式なものはP145を参照。

27

「粉飾決算」によるひずみは貸借対照表にあらわれる

貸借対照表を、前期あるいは3期間、5期間比べると、粉飾決算を見破ることができる

架空の売上げによる売掛金を計上すると赤字が黒字に

みなさんは、「粉飾決算」という言葉を聞いたことがありますか。

実際は赤字なのに、決算書の見栄えをよくするために、無理やり黒字にした決算をいいます。上場会社であれば、株価の引き上げや株主への配当のために、中小企業であれば、金融機関からの借入れのために、決算を黒字にみせかけることがあります。

本来、赤字決算なのに無理に黒字決算にすると、そのひずみは貸借対照表にあらわれます。貸借対照表を、前期あるいは3期間、5期間比べることによって、粉飾決算がわかることがあります。

たとえば、仮に500万円の赤字の会社でも、期末に1500万円の架空の売上げを帳簿上で計上すれば、たちまち1000万円の黒字の会社になります。

粉飾決算とは何か？

粉飾決算とは？

- 実際は赤字決算なのに、見栄えをよくするために、架空の売上げなどを計上して、無理やり黒字決算にすること。
  → 不正な決算ですので、行うことは悪いことです。

なぜ粉飾決算を行うのか？

- 中小企業の場合、金融機関からの融資を受けやすくするため。
- 上場会社の場合、株価の引き上げや株主に配当を出すため。

粉飾決算の方法とは？

- 架空の売上げを計上する。
- 期末棚卸を多めに計上する。
- 仮払金を精算しない　など。

粉飾決算への刑罰

上場会社の粉飾決算で問われる刑事責任には以下があります。違法配当罪（会社法963条5項2号）、特別背任罪（同法960条）。執行猶予付きの有罪判決を受けることもあり、その責任は重いものとなっています。

この１５００万円の架空の売上げに対して、売掛金も１５００万円増えることになります。１５００万円の架空の売掛金は、当然ですが、永遠に回収されることはありません。

粉飾決算は流動資産の諸勘定の増加でわかる!?

売掛金の残高を比較してみると、粉飾のために架空売上げを計上した会社は、売掛金が売上高の伸びに比べて、増えていく傾向にあります。また、棚卸資産で調整すると、前期と比べて、棚卸資産が異常に多くなります。あるいは仮払金が増えているケースもあります。

決算書に計上されている仮払金の内容は、土地などを購入する場合の手付金や、会社が社員や役員に支給する「費用の前払い」などです。

仮に、費用の前払いが３００万円あり、全額が消費されているにもかかわらず、仮払金として決算書に計上されたままとします。すると、決算書上の利益は、実際の利益より３００万円多く計上されていることになります。

このように粉飾決算をした場合には、資産の部、とくに流動資産の諸勘定が多くなる傾向にあります。

粉飾決算は貸借対照表の資産の部にあらわれやすい

比較貸借対照表

20××年3月31日現在

資産の部			
科　目	当　期	前　期	前々期
	千円	千円	千円
【流動資産】			
現金及び預金	56,000	72,000	76,000
受取手形	100,000	95,000	110,000
売掛金	**200,000**	**180,000**	**150,000**
商品	**50,000**	**35,000**	**38,000**
立替金	1,000	2,000	1,000
仮払金	**3,000**	**0**	**0**
貸倒引当金	△3,000	△2,000	△2,000
【固定資産】			
（有形固定資産）			
車両運搬具	5,000	6,000	6,000
工具器具備品	26,000	23,000	25,000
（無形固定資産）			
電話加入権	1,000	1,000	1,000
（投資その他の資産）			
保険積立金	14,000	13,000	12,000
資産の部合計	453,000	425,000	417,000

増えている

比較損益計算書

自　20××年4月1日
至　20××年3月31日

科　目	当　期	前　期	前々期
	千円	千円	千円
【売上高】			
売上高	**1,090,000**	**1,140,000**	**1,150,000**
税引前当期純利益	(6,000)	(7,000)	(6,000)
法人税、住民税及び事業税	2,100	2,450	2,100
当期純利益	**(3,900)**	**(4,550)**	**(3,900)**

あまり変わらない

※売上高、当期純利益があまり変わっていないのに、売掛金、商品、仮払金は増えている。

28

損益計算書と貸借対照表を比較してみよう

損益計算書と貸借対照表の比較で、会社の効率を判断できる重要な指標が得られる

売上債権回転率や棚卸資産回転率は高いほど効率がよい

今度は、損益計算書と貸借対照表を比較してみましょう。
Ⓐ売上高とⒸ売上債権、Ⓑ売上原価とⒹ棚卸資産を比較します。
売上高と、受取手形および売掛金の合計額（売上債権）を比較するのが、「売上債権回転率」です。この指標で、会社の売上債権が年間に何回転しているかがわかります。3・1回とは、売上債権が1年間で3・1回転、つまり約4カ月で回収されて現金化されているということです。

つぎに、売上原価と、商品などの棚卸資産を比較する「棚卸資産回転率」をみてみましょう。棚卸資産が年間に何回転しているかがわかります。棚卸資産は期中の平均に近くなるよう、期首と期末の平均で計算します。回転率が高いほど、効率的に商品を売り上げています。11・8回とは、棚卸資産が1年間で

売上高、売上原価と比較してみよう

損益計算書

自　20××年4月1日
至　20××年3月31日

科目	金額	
		千円
【売上高】		
売上高	770,000	Ⓐ **770,000**
【売上原価】		
Ⓓ **期首棚卸高**	**39,000**	
仕入高	502,000	
小計	(541,000)	
Ⓓ **期末棚卸高**	**45,000**	Ⓑ **496,000**
売上総利益		(274,000)

貸借対照表

20××年3月31日現在

資産の部		負債の部	
科目	金額	科目	金額
	千円		千円
【流動資産】	(435,000)	【流動負債】	(189,000)
現金及び預金	142,000	支払手形	80,000
受取手形	Ⓒ **150,000**	買掛金	40,000
売掛金	**100,000**	短期借入金	45,000
商品	45,000	未払法人税等	10,000
立替金	1,000	未払消費税等	4,000
貸倒引当金	(3,000)	預り金	5,000

売上債権回転率

$$\frac{Ⓐ\ 売上高}{Ⓒ\ 受取手形+売掛金} = \frac{770{,}000}{250{,}000} = 3.1回$$

棚卸資産回転率

$$\frac{Ⓑ\ 売上原価}{Ⓓ\ (期首棚卸高)+(期末棚卸高)\div 2} = \frac{496{,}000}{42{,}000} = 11.8回$$

※棚卸資産回転率は、売上高と比較する計算方法もあるが、売上原価との比較のほうがより実態をあらわしていると考え、本書では、売上原価との比較で計算している。

業種ごとの総資本経常利益率
卸売業：4.2%　小売業：3.7%
建設業：5.3%　製造業：4.9%
情報通信業：8.0%　サービス業：4.3%
※「中小企業実態基本調査」（2021年度）より作成

11・8回転、つまり約1カ月で売れているということになります。

総資本経常利益率（ROA）と自己資本当期純利益率（ROE）

つぎは、利益と総資本（＝総資産）、利益と自己資本との比較です。

まず、Ⓐ経常利益をⒹ総資本で割った「総資本経常利益率（ROA）」をみてみましょう。この指標では、会社がもっているすべての資産を使って、どれだけ効率よく経常利益を稼いでいるかがわかります。経常利益が多いほど、また総資本が少ないほど、効率よく稼いでいることになり、指標も高くなります。

この指標は、「売上高経常利益率」と「総資本回転率」に分解することができるため、その会社の効率を総合的に判断できる指標といえます。

さらに、Ⓑ当期純利益をⒸ自己資本で割った「自己資本当期純利益率（ROE）」をみてみましょう。株主の資本をどれだけ効率的に使って、利益を稼いでいるかがわかります。「当期純利益」を使う理由は、この利益が配当の原資になるためです。株式投資をするときに重視する指標となっています。

上場会社が行う「自社株買い」は、買い取った自社株が自己資本から控除され分母が小さくなることで、ROEが大きくなり株価上昇の要因となります。

総資本、自己資本と比較してみよう

損益計算書

自　20××年４月１日
至　20××年３月31日

科　目	金　額	
【営業外費用】		
支払利息	4,000	4,000
経常利益		Ⓐ **(48,000)**
〜		
税引前当期純利益		(50,000)
法人税、住民税及び事業税		17,500
当期純利益		Ⓑ **(32,500)**

貸借対照表

20××年３月31日現在

資産の部		負債の部	
科　目	金　額	科　目	金　額
	千円		千円
【流動資産】	(435,000)	【流動負債】	(189,000)
現金及び預金	142,000	支払手形	80,000
〜			
保険積立金	35,000		
		純資産の部合計	Ⓒ **290,000**
資産の部合計	**620,000**	**負債及び純資産の部合計**	Ⓓ **620,000**

総資本経常利益率（ROA）

※上場会社平均：4.46%（2022年度）

$$\frac{Ⓐ\ \text{経常利益}}{Ⓓ\ \text{総資本}} = \frac{48{,}000}{620{,}000} \times 100 = 7.7\%$$

$$= \frac{\text{経常利益}}{\text{売上高}} \times \frac{\text{売上高}}{\text{総資本}} = \text{売上高経常利益率} \times \text{総資本回転率}$$

（6.23％）　（1.24回）

自己資本当期純利益率（ROE）

※上場会社平均：9.10%（2022年度）

$$\frac{Ⓑ\ \text{当期純利益}}{Ⓒ\ \text{自己資本（＝純資産）}} = \frac{32{,}500}{290{,}000} = 11.2\%$$

決算書のツボ3

流動比率で会社の支払能力がわかる

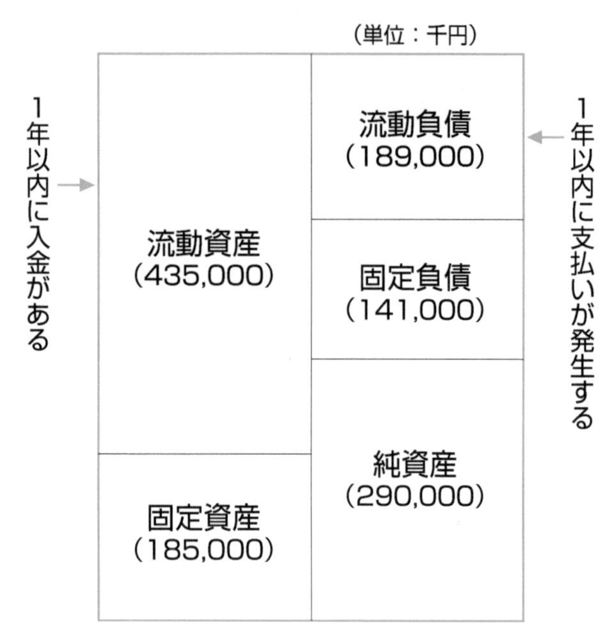

流動比率は200%以上が望ましい

$$\frac{\text{流動資産}}{\text{流動負債}} \times 100 = \frac{435{,}000}{189{,}000} \times 100 = \mathbf{230.2\%}$$

第4章

【そのほかの諸表編】

決算書を補う諸表についても知っておこう

29

「試算表」で毎月の業績をみてみよう

「試算表」とは、1カ月間の会社の「貸借対照表」と「損益計算書」をまとめたもの

毎月の状況をチェックするための表

決算書の見方がひと通りわかったところで、今度は、毎月の「試算表」をみてみましょう。試算表とは、1カ月間の「貸借対照表」と「損益計算書」をまとめたものです。1年に1回だけ決算書をみるよりも、毎月の状況を確認するほうが、より深く会社の状況を理解できます。さらに、「月次推移表」（135ページ参照）をみると、毎月の業績の推移がわかります。

試算表を作成する際の注意点は、年に1回または数回、大きな金額が計上される費用については、毎月に振り分けることです。たとえば、「減価償却費」は決算時にまとめて計上する費用ですが、試算表ではひと工夫が必要です。年間に計上できる減価償却費が600万円とします。これを毎月振り分けずに試算表を作成してしまうと、決算前まで200万～300万円の黒字でも、

月次試算表をみてみよう

貸借対照表

20××年6月30日現在（単位：千円）

科目	前月残高	借方	貸方	当月残高
現金	2,000	1,000	2,000	1,000
××銀行／普通	15,000	9,000	5,000	19,000
【現金及び預金】	**17,000**	**10,000**	**7,000**	**20,000**
売掛金	40,000	42,000	38,000	44,000
商品	25,000			25,000
【流動資産】	**82,000**	**52,000**	**45,000**	**89,000**
車両運搬具	14,000			14,000
工具器具備品	35,000			35,000
減価償却累計額	△1,000		500	△1,500

☞「借方」「貸方」は、資産の部では「当月の増加」「当月の減少」を意味する。

損益計算書

自　20××年6月1日
至　20××年6月30日（単位：千円）

科目	前月残高	借方	貸方	当月残高
売上高	110,000		50,000	160,000
【売上高】	**110,000**		**50,000**	**160,000**
仕入高	60,000	28,000		88,000
【売上原価】	**60,000**	**28,000**		**88,000**
【売上総利益】	**50,000**	**22,000**		**72,000**
給料手当	22,000	10,000		32,000
法定福利費	3,000	1,500		4,500

☞「借方」「貸方」とは、損益計算書では「当月の費用」「当月の収益」を意味する。

月次試算表を作成すると、毎月の業績や財政状態がタイムリーにわかる。

異常値をチェックしよう

毎月比べて異常値があれば理由を確認しましょう。
・給料手当が多い→残業代が多かった
・旅費交通費が多い→出張が多かった
・法定福利費が少ない→月末が土日でずれた

決算時に一気に赤字になってしまいます。

これでは会社の業績を毎月みることにあまり意味がありません。このケースなら、毎月の試算表を作成する際に、600万円÷12カ月＝50万円を費用に計上すべきです。同様に賞与についても、引当金の計上をして、毎月に振り分けて費用に計上すべきでしょう。

「棚卸し」は決算期末以外もできれば実施しよう

期末の在庫の金額も、利益に大きく影響を及ぼします。税金計算では、決算期末に一度だけ在庫の金額を計算すればよいことになっています。

ただし、年に一度だけでは、在庫が毎月増えているときは、その分毎月の売上総利益が少なくなり、決算時に在庫が増えた分が一気に利益に計上されます。在庫が毎月減っているときは、決算時に一気に利益が少なくなります。

これを避けるためには、毎月末に棚卸しをすることです。そうすれば、毎月の利益を正しくみることができます。毎月がむずかしければ、たとえば四半期（＝3カ月）ごとに行えば、四半期ごとの利益は正しくみることができます。

月次推移表をみてみよう

損益計算書（月次推移表）

20××年６月30日現在
（単位：千円）

科目	当月まで累計		月次推移		
	金額	構成比	4月	5月	6月
売上高	160,000	100.0%	50,000	60,000	50,000
【純売上高】	**160,000**	**100.0%**	**50,000**	**60,000**	**50,000**
仕入高	88,000	55.0%	27,000	33,000	28,000
【売上原価】	**88,000**	**55.0%**	**27,000**	**33,000**	**28,000**
【売上総利益】	**72,000**	**45.0%**	**23,000**	**27,000**	**22,000**
給料手当	32,000	20.0%	11,000	11,000	10,000
法定福利費	4,500	2.8%	1,500	1,500	1,500
福利厚生費	2,000	1.3%	700	800	500
減価償却費	1,500	0.9%	500	500	500
貸借料	9,000	5.6%	2,500	3,500	3,000
事務用品費	2,500	1.6%	1,000	800	700
消耗品費	5,800	3.6%	1,900	1,900	2,000
水道光熱費	3,200	2.0%	1,000	1,200	1,000
旅費交通費	6,000	3.8%	2,000	2,000	2,000

月次推移表は、タテにみると特定の月の業績がわかり、ヨコにみると同じ収益、費用について、毎月の動きがわかる。

30

税金のことも考えてみよう

会社が支払う税金は、「法人税」「消費税」「固定資産税」などいくつもある

法人税は利益が上がっていなければ納める必要はない

ここで、会社が支払う税金について考えてみましょう。

1つめは、会社の利益（所得）に対して、合計で34～35％支払う法人税、法人住民税、法人事業税（法人税、住民税及び事業税）です。これらの税金は、会社が赤字の場合、法人住民税の一部を除いて納める必要はありません。

2つめは、会社の預り金の「消費税」と「源泉所得税」です。この2つの税金は、会社が納税できずに「滞納」が多い税金の代表格となっています。

消費税は、物を買ったり、サービスを受けたりする場合、消費者が10％分をお店に支払うものです。お店を経営する会社は、この受け取った消費税をひとまず社内にプールしておきます。そして、仕入れや費用の支払い時に支払った消費税との差引計算によって納税します。預かった分から納税するわけですか

消費税の滞納はなぜ多いのか
—会社の利益と消費税納税額を比較すると?

（単位：千円）

		黒　字		赤　字
売上高		1,000,000	⇨ 20%ダウン	800,000
仕入高		700,000		560,000
費用（固定費）	消費税対象	100,000	⇨ 変わらない	100,000
	消費税対象外	150,000	⇨ 変わらない	150,000
利益		50,000		△10,000
消費税納税額		20,000		14,000

赤字でも納税あり

☞ 売上高が20％ダウンしても、固定費はあまり変わらない。さらに、赤字でも消費税の納税額はあまり変わらず、納税がきびしくなる。

消費税納税額

（売上高 − 仕入高 − 消費税対象の費用）× 10％

（注）飲食料品（酒類を除く）と定期購読の新聞は、軽減税率が適用されて 8%。

税金を滞納し続けると……

税金の滞納（支払わないこと）に対しては、
①延滞税（原則年14.6%）と、
②過少申告加算税（10%※）または、
③重加算税（35%）がかかります。
滞納が続くと、財産を差し押さえられることもあります。
※一定額を超えた金額は15%

ら、本来は支払うことができるはずです。

しかし、実際に会社を経営していると、経営者は毎月の資金繰り、つまり、お金の入出金について、消費税を含めた金額で考えてしまいがちです。預かったはずの消費税が、そのまま支払いに充てられてしまうことが多いのです。

となると、いざ納税のときになって、納めるべき税金が会社にないということになり、最悪の場合、「滞納」となってしまいます。

会社がもっている資産にかかる税金もある

会社が支払う3つめの税金は、資産の所有にかかる固定資産税および都市計画税、自動車税などです。いずれも市役所などから納付書が送られてきます。

4つめは、資産の取得についてかかる、登録免許税、不動産取得税、自動車取得税などがあげられます。不動産を登記したときや自動車を購入したときに、購入代金と同時に支払うことになります。

さらに、そのほかの税金として、印紙税やゴルフ場利用税などがあります。

このように、会社を経営をするうえで、さまざまな税金を支払い続けていくことになります。

会社が支払う税金あれこれ

1 所得(儲け)に比例してかかる税金	①法人税 ②法人住民税 ③法人事業税
2 売上げや給料から預かり納める税金	①消費税および地方消費税(売上げから預かる) ②源泉所得税(社員の給料から預かる) ③住民税の特別徴収分(社員の給料から預かる)
3 資産の所有についてかかる税金	①固定資産税および都市計画税 ②自動車税、軽自動車税 ③事業所税 ④自動車重量税(車検時)　など
4 資産の取得についてかかる税金	①登録免許税 ②不動産取得税 ③自動車取得税 ④自動車重量税(取得時)　など
5 その他の税金	①印紙税 ②ゴルフ場利用税　など

31

決算書には「時価がわからない」という欠点がある

「貸借対照表」の欠点は、資産の時価総額や、不良債権がわからない点にある

決算書も万能ではない

これまで、詳しく決算書の説明をしてきましたが、決算書で会社の状況のすべてがわかるわけではありません。もちろん、粉飾決算のように、会社が意図的に誤った決算書をつくる場合は、正確な会社の状況を示していません。ただ、それ以外にも、貸借対照表には、根本的な問題点がいくつかあります。

まず、決算書の金額が、原則として、「買ったときの価格」になる点です。たとえば土地について、50年前に1000万円で買った土地の時価が、いま1億円だったとしても、決算書では1000万円と表示されます。また、逆に10年前に1億円で買った土地が、いま7000万円だったとしても、やはり1億円として記載されます。

また、有価証券についても、まったく同じ問題が生じます。

決算書には時価がわからないという欠点がある

土　　　地
35,000 千円

原則として買ったときの価格

投資有価証券
3,000 千円

疑問点	①いつ購入したものなのか？ ②時価(いまの実勢価格)はいくらか？ 帳簿価額より高いのか、低いのか？ →高ければ、いざとなれば売って利益を出すことが可能。担保にしてお金を借りることも可能 →低ければ、将来、売却損が計上される可能性もあり

土地の時価の確認のしかた
土地の「所在地番」により周辺の実勢価額を調べ、
それに土地の「面積」を掛けて計算します。
実勢価額が不明の場合は簡便的に、
路線価の1.25倍で計算する方法があります。

これには、「時価会計」といって、資産や負債を時価で評価する会計制度の導入が考えられます。上場会社では、有価証券や賃貸不動産などについては、時価会計が導入されています。

一方で中小企業は、その義務はありませんので、実際と異なった評価の有価証券が、「貸借対照表」に計上されているケースがほとんどです。実際の価値は、税務申告の際に添付する「勘定科目の内訳書」などで、内容を確認して時価を推測するしかないでしょう。

債権はかならず回収できるとは限らない

さらに、不良債権がわかりづらいという問題点もあります。

これは、本来は、貸倒損失あるいは貸倒引当金としてその全額または一部を、費用として償却すべきものです。しかし、会社の任意のものもありますので、あえて償却していない金額は、その分、利益が多く計上されています。

同じく、商品などの棚卸資産も、実際は価値が落ちていても、購入した価格そのものが計上されています。これは、税務上の取扱いが、資産の評価損については、きびしい条件を充たした場合しか認めていないことによります。

決算書では不良資産もわかりづらい

受取手形 150,000 千円 売掛金 100,000 千円

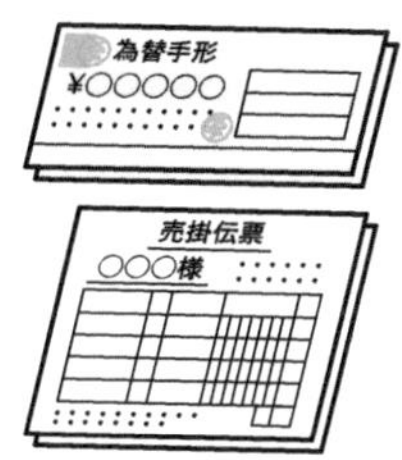

疑問点	回収不能なものがないかが不明

商品 45,000 千円

疑問点	不良在庫がないかが不明

32

キャッシュフロー計算書で「現金の流れ」がわかる

「キャッシュフロー計算書」は、1年間で現金がどのように回収され、支出されたかをあらわすもの

第3の決算書「キャッシュフロー計算書」とは何か

「貸借対照表」「損益計算書」についで第3の決算書の位置づけにあるのが、「キャッシュフロー（CF）計算書」です。これは、1年間で現金がどのように回収され、どのように支出されたかをあらわすものです。キャッシュフロー計算書をみると、その会社の1年間の現金の増減額がよくわかります。

上場会社にはキャッシュフロー計算書の作成義務がありますが、中小企業には作成義務がないため、かならずしも作成はされていません。

損益計算書の利益は、「発生主義」にもとづいて計算します。入出金のタイミングとは関係ありません。この利益をもとに法人税等の税金を計算します。

一方で、キャッシュフロー計算書は、実際にお金がいくら入ったか、いくら出たかを計算する書類です。会社の実際の資金繰りがわかります。

キャッシュフロー計算書をみてみよう

自 20××年4月1日　至 20××年3月31日　（単位：千円）

Ⅰ　営業活動によるキャッシュフロー（間接法）	
税引前当期純利益	50,000
減価償却費	15,000
貸倒引当金の増加額	1,000
賞与引当金の減少額	△ 2,000
退職給付引当金の減少額	△ 2,000
受取利息及び受取配当金	△ 100
支払利息	4,000
有形固定資産売却益	△ 3,000
有形固定資産除却損	1,000
売上債権の減少額	11,000
棚卸資産の増加額	△ 6,000
仕入債務の減少額	△ 13,000
小　計	55,900
利息及び配当金の受領額	100
利息の支払額	△ 4,000
法人税等の支払額	△ 16,500
営業活動によるキャッシュフロー	35,500
Ⅱ　投資活動によるキャッシュフロー	
保険積立金の積立による支出	△ 6,000
有形固定資産の取得による支出	△ 12,000
有形固定資産の売却による収入	4,000
投資活動によるキャッシュフロー	△ 14,000
Ⅲ　財務活動によるキャッシュフロー	
短期借入による収入	30,000
短期借入金の返済による支出	△ 48,000
長期借入による収入	10,000
長期借入金の返済による支出	△ 29,500
配当金の支払による支出	△ 5,000
財務活動によるキャッシュフロー	△ 42,500
Ⅳ　現金及び現金同等物に係る換算差額	0
Ⅴ　現金及び現金同等物の増加額	△ 21,000
Ⅵ　現金及び現金同等物期首残高	163,000
Ⅶ　現金及び現金同等物期末残高	142,000

キャッシュフロー計算書はどこをみるか
・営業CF ⇨受取手形、売掛金、棚卸資産の増減
支払手形、買掛金の増減
・投資CF ⇨固定資産の投資額
・財務CF ⇨短期借入金、長期借入金の増減

キャッシュフロー計算書は、3部構成となっています。

1つめの「営業活動によるキャッシュフロー」では、本来の営業活動によって生じた現金の増減がわかります。損益計算書の「営業利益」に相当するもので、これがプラスでないと資金繰りはきびしくなります。

2つめが「投資活動によるキャッシュフロー」です。これは、有価証券の取得や売却、あるいは、固定資産の取得、売却などを計上します。会社が1年間で、投資活動にどれだけお金を使ったか、あるいはどれだけお金を回収したか、がわかります。この部分は、設備投資を行うとマイナスとなります。一時的にマイナスでも、投資が適正に行われていれば問題ありません。

フリーキャッシュフローは自由に使えるお金

この「営業活動によるキャッシュフロー」と「投資活動によるキャッシュフロー」をあわせたものを、一般的に「フリーキャッシュフロー」といいます。会社が自由に使えるお金のことで、これからの投資や財務内容の改善、配当に使うことができます。

そして、3つめの「財務活動によるキャッシュフロー」では、借入れによる

キャッシュフロー計算書で何がわかる？

①会社の実際のお金の入りと出がわかる

1年間の資金繰りの良し悪しがわかります。

②経営上の問題点がわかる

たとえば、営業キャッシュフローのうち、売上債権、棚卸資産、仕入債務の増減をみることで、資金繰りの問題点が明確になり、経営改善につながります。

③会社が自由に使えるお金がわかる

営業キャッシュフローと投資キャッシュフローをあわせると、会社が自由に使えるフリーキャッシュフローが明確になります。
145ページの事例では、21,500千円
（＝営業CF35,500千円－投資CF14,000千円）。

収入や返済の支出、また、株主への配当を記載します。

最後に、期首と期末のキャッシュ、つまり「現預金の残高」を記載します。

このキャッシュフロー計算書は、前期と当期決算書から作成することができます。

最近では、金融機関が貸付けの判断材料とすることが多くなっています。実際の資金繰りがわかり、粉飾決算を見破ることにも役立っているようです。

決算書のツボ4

キャッシュフロー（CF）計算書は3つの部から構成される

1. 営業活動によるキャッシュフロー

本業で生じた現金の増減がわかる。
損益計算書の「営業利益」に相当。

2. 投資活動によるキャッシュフロー

有価証券や固定資産の売買による
現金の増減がわかる。

3. 財務活動によるキャッシュフロー

借入による収入や返済による支出、
株主への配当などがわかる。

「1＋2」がフリーキャッシュフロー

つまり会社が自由に使えるお金

第5章

【実践編】

実際の決算書を読み解いてみよう

33

上場会社の決算書を比べてみよう①

「ヤクルト」と「明治」の決算書は同じ食料品メーカーでも、こう違う

ヤクルト本社（ヤクルト）と明治ホールディングス（明治）を比べてみよう

実践編として、上場会社の決算書をみてみましょう。これまでの内容で十分理解ができます。まずは、食料品メーカーのヤクルトと明治を比べてみます。

明治は、２００９年に明治製菓と明治乳業との経営統合で設立されました。食料品だけではなく、医薬品の売上げが全体の約2割を占めます。

まず、両社の損益計算書をみると、「売上総利益率」はヤクルト59・6％、明治28・8％と、ヤクルトが圧倒的に高くなっています。ヤクルトは海外売上げが全体の44・5％を占め、利益に大きく貢献しています。「売上高経常利益率」も、ヤクルト15・9％と、明治7・0％の2倍以上となっています。

費用項目では、明治は研究開発費に３００億円と、売上高比で約2・8％も使っています。うち、半分以上は医薬品の分野に充てられています。

ヤクルトと明治の損益計算書の比較

損益計算書

（ヤクルト本社：2022年４月１日～2023年３月31日）
（明治ホールディングス：2022年４月１日～2023年３月31日）
（単位：十億円）

科　目	ヤクルト		明　治	
	金　額	構成比	金　額	構成比
売上高	483	100.0%	1,062	100.0%
売上原価	194	40.2%	755	71.1%
売上総利益	**288**	**59.6%**	**306**	**28.8%**
販売費及び一般管理費	222	46.0%	231	21.8%
営業利益	66	13.7%	75	7.1%
営業外収益	14	2.9%	4	0.4%
営業外費用	2	0.4%	5	0.5%
経常利益	**77**	**15.9%**	**74**	**7.0%**
特別利益	4	0.8%	29	2.7%
特別損失	3	0.6%	8	0.8%
税引前当期純利益	78	16.1%	95	8.9%
法人税等	21	4.3%	29	2.7%
法人税等調整額	0	0.0%	△５	△0.5%
当期純利益	55	11.4%	71	6.7%
非支配株主に帰属する当期純利益	5	1.0%	2	0.2%
親会社株主に帰属する当期純利益	**50**	**10.4%**	**69**	**6.5%**

（注１）いずれも連結決算（グループ会社を合計した決算）です。
（注２）各金額は10億円未満切捨てのため合計は一致しません。

販売費及び一般管理費のうちおもな費用

（単位：十億円）

科　目	ヤクルト		明　治	
	金　額	売上高比	金　額	売上高比
人件費（注３）	62	12.8%	84	7.9%
広告宣伝費、販売手数料（注４）	49	10.1%	20	1.9%
運賃保管料、運送費	15	3.1%	18	1.7%
研究開発費（注５）	**9**	**1.9%**	**30**	**2.8%**

（注３）給料手当（または労務費）と賞与引当金繰入額と退職給付費用の合計額です。
（注４）明治は、拡売費の金額です。
（注５）明治は、当期製造費用との合計額です。

食料品（プライム市場）の2022年度各種指標との比較
売上高営業利益率…7.1%（ヤクルト：13.7%、明治：7.1%）
自己資本比率…52.3%（ヤクルト：66.5%、明治：62.7%）
自己資本当期純利益率（ROE）…8.5%（ヤクルト：10.0%、明治：9.7%）
総資本経常利益率（ROA）…6.5%（ヤクルト：10.3%、明治：6.5%）

製造業（＝メーカー）は在庫と設備投資がポイント

つぎに貸借対照表をみてみましょう。資産のうち、「棚卸資産（＝在庫）」は、ヤクルト360億円、明治1990億円で、売上原価に換算すると、ヤクルトは約2・2カ月分、明治は約3・2カ月分の在庫になります。

また、両社ともメーカーのため、「建物及び構築物」「機械装置及び運搬具」などの固定資産を多く所有しています。

有形・無形あわせて、ヤクルトは2300億円で資産の30・7%、明治は5080億円で資産の44・7%を占めています。「建設仮勘定」は、建物や機械などの建築途中のもので、次期以降に固定資産に振り替わるものです。

さらに負債をみると、明治は、流動・固定あわせて「社債」200億円の残高があります。社債は、投資家向けに発行する債券で、償還期限や利率を自由に決められます。明治は、短期借入金より1%以上低い利率で発行しています。

最後に、「自己資本比率」は、ヤクルト66・5%、明治62・7%と、いずれも高い割合です。プライム市場の食料品会社の平均52・3%（2022年度）より高くなっています。

ヤクルトと明治の貸借対照表の比較

貸借対照表

（ヤクルト本社：2023年３月31日現在）
（明治ホールディングス：2023年３月31日現在）
（単位：十億円）

科　目	ヤクルト	明治	科　目	ヤクルト	明治
流動資産	(354)	(470)	流動負債	(147)	(266)
現金及び預金	241	63	支払手形及び買掛金	28	112
受取手形及び売掛金	59	172	短期借入金(注３)	49	4
棚卸資産	**36**	**199**	**社債**	**0**	**10**
その他	16	34	未払費用	0	34
固定資産	(395)	(665)	リース債務	3	0
有形固定資産	**(225)**	**(487)**	その他	66	104
建物及び構築物	**93**	**181**	固定負債	(56)	(118)
機械装置及び運搬具	**62**	**165**	**社債**	**0**	**10**
工具器具備品	0	12	長期借入金	14	39
土地	46	69	リース債務	7	0
リース資産	12	0	繰越税金負債	24	5
建設仮勘定	**6**	**57**	退職給付に係る負債	4	56
その他	4	0	その他	5	7
無形固定資産	**(5)**	**(21)**	負債合計	203	384
のれん	0	0			
ソフトウェア	2	0	株主資本	(475)	(665)
その他	3	21	資本金	31	30
投資その他の資産	(164)	(156)	資本剰余金	41	80
投資有価証券	66	112	利益剰余金	484	602
関係会社株式	79	0	自己株式	△81	△47
繰越税金資産	4	14	その他の包括利益累計額	(23)	(46)
退職給付に係る資産	6	21	非支配株主持分	(46)	(39)
その他	7	7	純資産合計	545	751
			自己資本(株主資本)比率	**66.5%**	**62.7%**
資産合計	749	1,136	負債及び純資産合計	749	1,136

（注１）いずれも連結決算（グループ会社を合計した決算）です。
（注２）各金額は10億円未満切捨てのため合計は一致しません。
（注３）「１年内返済予定の長期借入金」を合算しています。

34

上場会社の決算書を比べてみよう②

「ABCマート」と「ニトリ」の決算書は同じ小売業でも、こう違う

エービーシー・マート（ABCマート）とニトリホールディングス（ニトリ）を比べてみよう

つぎは、生活用品の靴と家具、それぞれの小売業界で売上高トップの会社です。損益計算書をみると、業界は異なりますが利益率はたいへん似ています。

ABCマート、ニトリ、いずれも売上総利益率は約50％で、小売業平均の約30％と比べて圧倒的な差があります。これは、商品の企画、製造、販売までを担うビジネスモデルを構築していることがおもな理由となっています。

営業利益率、経常利益率は両社とも15％前後と高収益体質となっています。

一方、費用は明確な違いがあります。売上高比で、地代家賃、賃借料はABCマートがニトリの約2倍、荷造運搬費、発送配達費は逆にニトリが約4倍となっています。ABCマートは駅近くの店舗が多いため家賃が高く、ニトリは郊外型で家賃は比較的低いものの、商品の運搬費が多くかかるためです。

ABCマートとニトリの損益計算書の比較

損益計算書（エービーシー・マート：2022年3月1日〜2023年2月28日）
（ニトリホールディングス：2022年2月21日〜
2023年3月31日）（注１）

単位：十億円）

科目	ABCマート		ニトリ	
	金額	構成比	金額	構成比
売上高	290	100.0%	948	100.0%
売上原価	140	48.3%	496	52.3%
売上総利益	**149**	**51.4%**	**478**	**50.4%**
販売費及び一般管理費	107	36.9%	338	35.7%
営業利益	**42**	**14.5%**	**140**	**14.8%**
営業外収益	1	0.3%	4	0.4%
営業外費用	0	0.0%	0	0.0%
経常利益	**43**	**14.8%**	**144**	**15.2%**
特別利益	0	0.0%	0	0.0%
特別損失	1	0.3%	5	0.5%
税引前当期純利益	42	14.5%	138	14.6%
法人税等	12	4.1%	47	5.0%
法人税等調整額	0	0.0%	△3	△0.3%
当期純利益	30	10.3%	43	4.5%
非支配株主に帰属する当期純利益	0	0.0%	0	0.0%
親会社株主に帰属する当期純利益	**30**	**10.3%**	**95**	**10.0%**

（注１）３月末決算への決算期変更のため、変則決算となっています。
（注２）いずれも連結決算（グループ会社を合計した決算）です。
（注３）各金額は10億円未満切捨てのため合計は一致しません。

販売費及び一般管理費のうちおもな費用

（単位：十億円）

科目	ABCマート		ニトリ	
	金額	売上高比	金額	売上高比
人件費（注４）	31	10.7%	104	11.0%
地代家賃、賃借料	**30**	**10.3%**	**51**	**5.4%**
広告宣伝費	6	2.1%	20	2.1%
荷造運搬費、発送配達費	**3**	**1.0%**	**37**	**3.9%**
減価償却費	5	1.7%	22	2.3%

（注４）給料手当、賞与、賞与引当金繰入額、退職給付費用の合計額です。

小売業（プライム市場）の2022年度各種指標との比較

売上高営業利益率…4.3%（ABC マート：14.5%、ニトリ：14.8%）
自己資本比率…34.6%（ABC マート：86.9%、ニトリ：72.2%）
自己資本当期純利益率（ROE）…8.8%（ABC マート：9.7%、ニトリ：11.6%）
総資本経常利益率（ROA）…5.2%（ABC マート：12.1%、ニトリ：12.7%）

貸借対照表では両社で大きな違いが

つぎに貸借対照表をみてみましょう。資産のうち、「棚卸資産（＝在庫）」は、ＡＢＣマート８８０億円、ニトリ１２００億円で、売上原価に換算すると、ＡＢＣマートは約７・５カ月分、ニトリは約２・９カ月分の在庫になります。

靴は衣料品と比べて色やサイズの種類が多く、製造工程がはるかに長いので、店頭での欠品を避けるために、在庫は多くなる傾向にあります。

固定資産は、ＡＢＣマートは少ないですが、ニトリは「建物及び構築物」２０３０億円、「土地」３７７０億円あります。「建設仮勘定」も３８０億円と多く、自前の土地に建物の建築を積極的に進めています。

また、小売業の特徴ですが、店舗が多いため、「敷金及び保証金」は、ＡＢＣマート２７０億円、ニトリ４７０億円、と多額が計上されています。

負債については、両社とも有利子負債（借入金及び社債）は少なく、とくにＡＢＣマートは短期借入金の50億円のみと極端に少ないですね。

最後に、「自己資本比率」は、ＡＢＣマート86・９％、ニトリ72・２％と極めて高水準で、両社とも財務体質は超優良であることがわかります。

ABCマートとニトリの貸借対照表の比較

貸借対照表

(エービーシー・マート：2023年2月28日現在)
(ニトリホールディングス：2023年3月31日現在)(注1)
(単位：十億円)

科　目	ABCマート	ニトリ	科　目	ABCマート	ニトリ
流動資産	(261)	(330)	流動負債	(43)	(221)
現金及び預金	138	131	支払手形及び買掛金	12	38
受取手形及び売掛金	14	57	**短期借入金**	**5**	**83**
棚卸資産	**88**	**120**	未払金	0	24
その他	18	20	リース債務	0	1
固定資産	(94)	(803)	その他	25	74
有形固定資産	(40)	(649)	固定負債	(1)	(93)
建物及び構築物	**15**	**203**	**長期借入金**	**0**	**57**
機械装置及び運搬具	0	6	リース債務	0	4
工具器具備品	4	11	退職給付に係る負債	0	5
土地	**19**	**377**	その他	0	26
リース資産	0	1	負債合計	44	315
建設仮勘定	**0**	**38**			
その他	0	11	株主資本	(288)	(805)
無形固定資産	(4)	(33)	資本金	19	13
のれん	0	19	資本剰余金	24	30
ソフトウェア	0	5	利益剰余金	244	771
その他	4	8	自己株式	0	△10
投資その他の資産	(49)	(120)	その他の包括利益累計額	(20)	(12)
投資有価証券	18	39	非支配株主持分	(1)	(0)
敷金及び保証金	**27**	**47**			
繰越税金資産	2	21	純資産合計	310	818
その他	1	12	**自己資本(株主資本)比率**	**86.9%**	**72.2%**
資産合計	355	1,133	負債及び純資産合計	355	1,133

(注1) 3月末決算への決算期変更のため、変則決算となっています。
(注2) いずれも連結決算（グループ会社を合計した決算）です。
(注3) 各金額は10億円未満切捨てのため合計は一致しません。

35

連結決算書とは？

「連結決算書」とは、会社のグループ全体の決算書として作成されるもの

上場会社は連結決算書の作成が義務

先ほどの上場会社4社の決算書はすべて「連結決算書」です。連結決算書とは、子会社を含めたグループ全体を、1つにまとめた決算書のことです。

連結決算書は、上場会社を対象とした証券取引法（現在の金融商品取引法）にもとづき、2000年3月期から作成することが義務となりました。

それ以前は、単体の決算書の公表のみでよかったため、赤字になりそうなときは、含み益がある不動産や有価証券を子会社に売却して利益を出す、いわゆる「益出し」が行われていました。あっという間に黒字決算になります。

しかし、連結決算書では、不動産などの子会社への売却は、同じグループ内の取引となるため損益には関係がなくなり、益出しはできなくなりました。

また、親会社が100％議決権をもっていない子会社は、調整計算が必要に

連結決算の対象となる子会社の範囲とは？

<table>
<tr><td>1</td><td colspan="3">議決権の50%超を所有する</td></tr>
<tr><td rowspan="5">2</td><td rowspan="5">議決権の40%以上、50%以下を所有する</td><td rowspan="5">かつ、①～⑤のうち、いずれかの要件に該当する</td><td>①自社が所有する議決権と、緊密な者等が所有する議決権を合計して50%超を所有すること</td></tr>
<tr><td>②自社の役員、社員が、その会社の取締役会等の構成員の50%超を占めていること</td></tr>
<tr><td>③その会社の重要な財務及び営業または事業の方針の決定を支配する契約等が存在すること</td></tr>
<tr><td>④自社または緊密な者等が、その会社の資金調達額の50%超について融資（債務の保証を含む）を行っていること</td></tr>
<tr><td>⑤その会社の意思決定機関を支配していることが推測される事実が存在すること</td></tr>
<tr><td>3</td><td>自社が所有する議決権と、緊密な者等が所有する議決権を合計して50%超を所有する</td><td colspan="2">かつ、上記②～⑤のうち、いずれかの要件に該当する</td></tr>
</table>

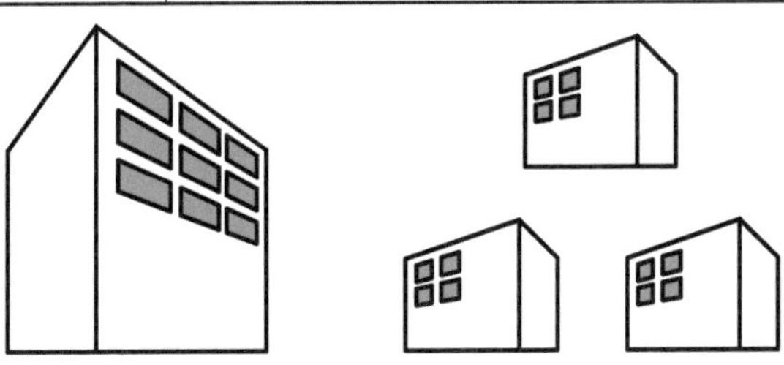

会計制度がきびしいと短期利益優先に

時価会計、連結決算と会計制度がきびしくなると、
会社は短期の利益を優先しがちになり、
長期的な研究開発がしづらくなります。
会計の厳格化は、経済の活力をそぐ弊害もあります。

なります。たとえば80％所有の子会社は、20％は親会社以外の株主（「非支配株主」）が所有しており、その分の利益と純資産を連結決算書から控除します。

セグメント情報でグループの業績がさらに詳しくわかる

上場会社の場合、さらに「セグメント情報」といって、そのグループ会社の製品別、事業別、地域別などの構成単位（セグメント）ごとに、売上高、利益、資産などの財務情報を公開することになっています。

構成単位の決め方は、経営者が経営上の意思決定および業績評価のために分けた単位となっています。先ほどの4社では、つぎのようになっています。

・ヤクルト本社…製商品・サービス別、地域別「飲料および食品製造販売事業（日本）」、「同（海外）」、「医薬品製造販売事業」、「その他事業」
・明治ホールディングス…製品別「食品」、「医薬品」
・エービーシー・マート…地域別「国内」、「海外」
・ニトリホールディングス…事業別「ニトリ事業」、「島忠事業」

このセグメント情報により、そのグループ会社の経営内容を、さらに掘り下げて知ることができます。

セグメント情報をみてみよう

「ヤクルト本社」のセグメント情報
(「2023年3月期 有価証券報告書」より抜粋)

(単位:百万円)

	飲料および食品製造販売事業				
	日本	海外	米州	アジア・オセアニア	ヨーロッパ
売上高	240,455	215,109	64,920	140,465	9,724
構成比	49.8%	44.5%	13.4%	29.1%	2.0%
前年比	118.3%	116.3%	137.0%	109.6%	103.3%
営業利益	47,443	34,802	15,974	18,711	116
営業利益率	19.7%	16.2%	24.6%	13.3%	1.2%

	医薬品製造販売事業	その他事業	小計	調整額	合計
売上高	12,763	25,445	493,773	△ 10,703	483,071
構成比	2.6%	5.3%	102.2%	△ 2.2%	100.0%
前年比	75.1%	130.7%	116.2%	111.0%	116.4%
営業利益	△ 192	1,242	83,296	△ 17,228	66,068
営業利益率	△ 1.5%	4.9%	−	−	13.7%

上記「セグメント情報」からわかること

1. 日本の飲料等事業の売上高は、49.8%を占めている。
2. 海外の飲料等事業の売上高は、44.5%を占めている。
3. うち米州は、前年より大幅に増加(137.0%)している。
4. 飲料等事業の売上高は、日本・海外いずれも、前年より増加(日本118.3%・海外116.3%)している。
5. 医薬品製造販売事業の売上高は、前年より大幅に減少(75.1%)し、営業損失(△192百万円)となっている。
6. その他事業(化粧品製造販売事業・プロ野球興行など)は、前年より大幅に増加(130.7%)している。

36

IFRS（国際財務報告基準）とは？

日本の上場会社は強制適用ではないが、売上規模が大きい会社の適用が多い

IFRS（国際財務報告基準）の概要を知ろう

本書でこれまでみてきた決算書は、先ほどの上場会社4社のものも含めて、すべて「日本基準」の決算書でした。

一方、国際会計基準審議会が定めた「IFRS（国際財務報告基準）」にもとづき決算書を作成する上場会社が増えています。読み方は、イファース、アイファースのいずれかで読むのが一般的です。

EU（欧州連合）域内の上場会社では2005年から強制適用となっており、現在160以上の国や地域で採用されています。

東証上場会社3807社のうち、IFRS適用は254社ですが、決定（14社）、予定（6社）を含めて、時価総額は400兆円となります。これは東証上場会社の時価総額843兆円の47・3％を占めます（2023年6月末）。

日本基準とIFRSの比較 ①

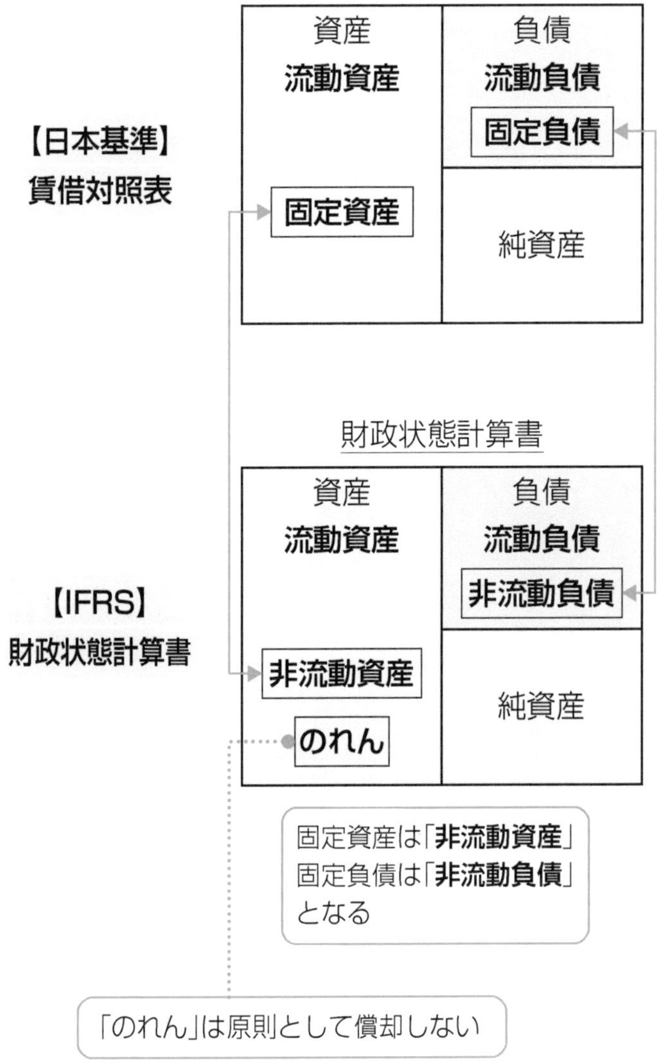

【日本基準】
貸借対照表

資産	負債
流動資産	**流動負債**
	固定負債
固定資産	純資産

財政状態計算書

【IFRS】
財政状態計算書

資産	負債
流動資産	**流動負債**
	非流動負債
非流動資産	純資産
のれん	

固定資産は「**非流動資産**」
固定負債は「**非流動負債**」
となる

「のれん」は原則として償却しない

市場区分別のIFRS適用状況(2023年6月末)

IFRS適用済み・決定・予定の会社数、時価総額は以下の通りです。
・プライム市場…1,832社中227社、810兆円中399兆円(49.1%)
・スタンダード市場…1,440社中18社、24兆円中0.5兆円(2.1%)
・グロース市場…535社中29社、8兆円中0.7兆円(8.7%)
プライム市場が、会社数、時価総額いずれもほとんどを占めています。

「のれん」の計上方法が大きく異なる

ＩＦＲＳ形式の決算書は、日本基準とはいくつか相違点があります。まず、貸借対照表が「財政状態計算書」、損益計算書が「包括利益計算書」と、表の呼び方が異なります。さらに、貸借対照表の固定資産は「非流動資産」、固定負債は「非流動負債」となります。

内容での大きな違いは、ＩＦＲＳでは「のれん」を償却しない点です。「のれん」とはほかの会社を買収した場合、買収価額と会社の純資産額との差額をいいます。純資産額が１００億円の会社を１５０億円で買収した場合は、差額の50億円を「のれん」として資産計上します。

日本基準では20年以内の期間で償却しますが、ＩＦＲＳでは償却を行わないため、結果的に利益がかさ上げされます。買収のたびに「のれん」の額が増えていき、価値が著しく下落した場合のみ「減損処理」を行います。

さらに、営業外収益・費用、特別利益・損失の記載はなく、経常利益もありません。「営業利益」の意味がＩＦＲＳと日本基準では異なるため、「事業利益」「コア営業利益」など、日本基準に相当する利益を公表する会社もあります。

日本基準とIFRSの比較 ②

【日本基準】損益計算書	【IFRS】包括利益計算書
売上高	収益
売上原価	売上原価
売上総利益	売上総利益
販売費及び一般管理費	販売費及び一般管理費
営業利益	**その他の営業収益**
営業外収益	**その他の営業費用**
営業外費用	営業利益
経常利益	**金融収益**
特別利益	**金融費用**
特別損失	**（なし）**
税引前当期純利益	税引前利益
法人税、住民税および事業税	法人所得税費用
当期純利益	当期利益
（なし）	**その他の包括利益**
（なし）	当期包括利益

日本基準での「営業外収益・費用」と「特別利益・損失」は、IFRSでは事業活動にかかわるものは「その他の営業収益・費用」に、財務活動にかかわるものは「金融収益・費用」に、それぞれ計上される

経常利益は記載しない

株式や不動産の含み損益、為替の損益などは「その他の包括利益」に計上され、「当期包括利益」を計算する

37

投資指標をみてみよう

「決算短信」を読み解けば、1株当たりの純資産と当期純利益の計算ができる

株式投資ならではの指標

株式投資をするにあたっては、これまでみてきた売上高営業利益率、売上高経常利益率といった指標に加えて、PER、PBR、EPS、配当利回り、配当性向など、株価や配当との比較をあらわした指標がよく使われます。

たとえば、PERが平均値と比べて低い株については割安株と考えて、今後は上がる可能性がある、と株式投資の参考にすることができます。

上場会社は四半期（3カ月）ごとに発表する決算書により、株価が変動しますが、理論通りに動かないことも多く、株式投資のむずかしいところですね。

さて、これで決算書の説明はひと通り終わりとなります。

これまで難解だった決算書が、少しは身近に感じるようになったのではないでしょうか。みなさんの今後の仕事や株式投資などの参考になれば幸いです。

さまざまな投資指標

■ **PER**（Price Earnings Ratio 、株価収益率）
…株価 ÷ 1 株当たりの当期純利益
（例）2,000 円 ÷ 150 円 = 13.3 倍

■ **PBR**（Price Book-value Ratio 、株価純資産倍率）
…株価÷ 1 株当たりの純資産
（例）2,000 円 ÷ 1,650 円 = 1.2 倍

■ **EPS**（Earnings Per Share 、1 株当たりの当期純利益）
…当期純利益÷発行済株式数
（例）300 億円 ÷ 2 億株 = 150 円

■ **配当利回り**…年間配当金÷株価
（例）60 円 ÷ 2,000 円 × 100 = 3.0%

■ **配当性向** …年間配当金÷EPS
（例）60 円 ÷ 150 円 × 100 = 40%

※以下はいずれも「決算短信」に記載があります。

発行済株式数(普通株式)

①期末発行済株式数(自己株式を含む)	20×× 年 3 月期	212,000,000 株
②期末自己株式数	20×× 年 3 月期	12,000,000 株
③期中平均株式数	20×× 年 3 月期	200,000,000 株

連結貸借対照表 (単位：百万円)

非支配株主持分	2,300 Ⓑ
純資産合計	332,300 Ⓐ
負債純資産合計	563,720

Ⓐ純資産合計からⒷ非支配株主持分を差し引き後の 330,000 百万円(=3,300 億円)を、期末株式数(上記①－②)の 200,000,000 株(=2 億株)で割ると、**1 株当たりの純資産**(=1,650 円)を計算することができます。

連結損益計算書 (単位：百万円)

当期純利益	31,150
非支配株主に帰属する当期純利益	1,150
親会社株主に帰属する当期純利益	30,000 Ⓒ

Ⓒ親会社株主に帰属する当期純利益 30,000 百万円(=300 億円)を、期中平均株式数(上記③)の 200,000,000 株(=2 億株)で割ると、**1 株当たりの当期純利益**(=150 円)を計算することができます。

【改訂2版】［ポイント図解］
決算書の読み方が面白いほどわかる本
数字がわからなくても「決算書のしくみ」を読み解くポイント37

2023年12月15日　初版発行

著者／落合孝裕

発行者／山下直久

発行／株式会社KADOKAWA
〒102-8177　東京都千代田区富士見2-13-3
電話 0570-002-301（ナビダイヤル）

印刷所／株式会社KADOKAWA

製本所／株式会社KADOKAWA

●お問い合わせ
https://www.kadokawa.co.jp/（「お問い合わせ」へお進みください）
※内容によっては、お答えできない場合があります。
※サポートは日本国内のみとさせていただきます。
※Japanese text only

定価はカバーに表示してあります。

ISBN 978-4-04-605674-0　C2033

◆◇◇